Miriam Holzapfel

Young Scientists

30 Forschende & ihre Wege in die Wissenschaft!

Illustriert von
Beppo Albrecht, Marion Blomeyer,
Miriam Bröckel, Eva Hillreiner
und Alexandra Rusitschka

 Die Junge Akademie   Carl Hanser Verlag

INHALT

EINLADUNG ZUM LESEN | 7

MEDIZIN | 9
Isabel Schellinger
Erkenntnisse, die Leben retten

ROBOTIK | 13
Jessica Burgner-Kahrs
Roboter, die sich durch
den Körper winden

CHEMIE | 17
Thomas Böttcher
Winzige, besondere Dinge

**ISLAMISCHE
TEXTWISSENSCHAFT** | 21
Nimet Seker
Von allem weniger

KUNSTGESCHICHTE | 25
Nausikaä El-Mecky
Wenn wir den Hass verstehen,
verstehen wir auch die Liebe

SOZIOLOGIE | 29
Lena Hipp
Die wichtigen Dinge sind
ungleich verteilt

PHILOSOPHIE | 33
Eva Buddeberg
Über sich und die Welt
nachdenken

EUROPÄISCHE GESCHICHTE | 37
Christopher Degelmann
Gerüchte waren eine wichtige
Informationsquelle

LANDSCHAFTSÖKOLOGIE | 41
Anna Cord
Zerstörte Ökosysteme stellt
man nicht einfach wieder her

MEDIZIN/IMMUNOLOGIE | 45
Sarah Kim-Hellmuth
Das Erbgut entscheidet mit

INFORMATIK | 49
Ulrike von Luxburg
Künstliche Intelligenz ist
nicht immer gerecht

MEDIÄVISTIK | 53
Racha Kirakosian
Aus dem Mittelalter erzählen

BIOLOGIE | 57
Gisela Kopp
Die Bauanleitung von Tieren lesen

CHEMIE | 61
Robert Kretschmer
Die helle Freude am Experiment

SINOLOGIE | 65
Lena Henningsen
Literatur aus einem Land,
das ganz anders ist

UMWELTSOZIOLOGIE | 69
Hermine Mitter
Funktionierender Klimaschutz

MUSIKTECHNOLOGIE | 73
Miriam Akkermann
Mit der Gesellschaft verändert sich auch die Musik

RECHTSWISSENSCHAFT | 77
Pascal Langenbach
Das Zusammenleben regeln

KLIMAWISSENSCHAFTEN | 81
René Orth
Was Pflanzen mit dem Klima machen

PSYCHOLOGIE | 85
Philipp Kanske
Wissen, wie es den Leuten geht

MUSIKWISSENSCHAFT | 89
Kai Siedenburg
Verstehen, wie wir hören

PHYSIK | 93
Astrid Eichhorn
Antworten auf fundamentale Fragen

ANGLISTIK | 97
Sibylle Baumbach
Aufmerksam lesen

PHYSIK KOMPLEXER SYSTEME | 101
Viola Priesemann
Von Teilen auf das große Ganze schließen

BIOPSYCHOLOGIE | 105
Martin Dresler
Was im Schlaf passiert

DATENWISSENSCHAFT | 109
Nadja Klein
Wichtige Phänomene besser verstehen

MATHEMATIK | 113
Timo de Wolff
Beschreibungen der Welt in einer sehr präzisen Sprache

LERNPSYCHOLOGIE | 117
Garvin Brod
Wenn Erwartung auf Erfahrung trifft

CHEMIE- UND BIOINGENIEURWESEN | 121
Doris Segets
Dinge ganz anders machen als bisher

MIGRATIONSFORSCHUNG | 125
Magdalena Nowicka
Wie gehen wir miteinander um?

EINLADUNG ZUM LESEN

Die Welt und das Universum sind voller Rätsel und unentdeckter Zusammenhänge. Und alles, was spannend ist, kann erforscht werden – auch wenn es nur eine einzelne Person ist, die eine Frage spannend findet. Überall auf der Welt arbeiten Forscher*innen deshalb an Fragen, auf die es noch keine Antworten gibt. In diesem Buch findest du Beispiele für Forschungsthemen aus den verschiedensten Wissenschaftsbereichen – manche davon, wie Biologie oder Geschichte, kennst du vielleicht aus der Schule. Von anderen hast du womöglich noch nie gehört.

Außerdem stellt dir dieses Buch Menschen vor, die nach Antworten auf diese Forschungsfragen suchen. Sie sind alle ganz unterschiedlich aufgewachsen: Einige sind gern in die Schule gegangen, für andere war die Schulzeit nicht besonders toll. Manche sind als Einzelkind groß geworden, andere mit Geschwistern. Manche hatten in der Jugend viele Freundinnen und Freunde, andere nur wenige. Viele sind in Deutschland geboren, einige zum Beispiel in Polen oder im Iran. Und es war auch nicht für alle Forschenden in diesem Buch selbstverständlich, überaupt das Abitur zu machen und zu studieren. Alle 30 Forscher*innen aber haben ihren eigenen Weg in die Wissenschaft gefunden. Und alle haben ein Thema entdeckt, das sie richtig spannend finden und das sie einfach nicht loslässt.

Das Buch gibt dir eine Vorstellung von diesen Themen und vom Alltag der Menschen, die daran arbeiten. Es zeigt, dass an vielen Orten geforscht werden kann: in der Natur, in Laboren, in Büros, in Bibliotheken – und manchmal auch einfach von zu Hause aus. Forschung wird in Experimenten vorangetrieben, in Berechnungen, Beobachtungen und in Gesprächen, oft in Forschungsteams, manchmal aber auch von Leuten, die alleine irgendwo nach Antworten auf ihre Fragen suchen. Die meisten der Forscher*innen in diesem Buch sind Mitglieder der Jungen Akademie, einer Gruppe von jungen Wissenschaftler*innen und Künstler*innen. Mit unterschiedlichsten Herangehensweisen wollen sie voneinander lernen und so die Welt besser verstehen.

Isabel Schellinger

ERKENNTNISSE, DIE LEBEN RETTEN

Welche wichtige Beobachtung die Medizinerin Isabel Schellinger im Bauch von Menschen gemacht hat

Kennst du deine Aorta? Wahrscheinlich nicht. Und das ist eigentlich toll, denn dein Körper funktioniert ganz selbständig und ohne dass du darüber nachdenken musst. Dein Herz schlägt, du atmest, deine Verdauung funktioniert. Zum Überleben musst du gar nicht alle Organe kennen, die du hast. Sie machen trotzdem ihre Arbeit. Und wenn es gut läuft, dann wird das so bleiben, bis du alt bist. Manche Menschen haben allerdings Pech und erleben im Laufe ihres Lebens eine Erkrankung. Und dann brauchen sie Menschen, die sehr gut über die Vorgänge im Körper Bescheid wissen und die immer weiter daran forschen, wie Krankheiten entstehen und wie sie verhindert oder geheilt werden können. Menschen wie Isabel Schellinger.

Die Aorta ist die große Hauptschlagader im Körper eines Menschen. Sie transportiert das sauerstoffreiche Blut aus dem Herz und verteilt es über den ganzen Körper, in alle Organe und in das Gewebe – für mich als Medizinerin ist sie ein faszinierendes Organ! Viele Menschen wissen aber kaum etwas darüber. Dabei ist die Aorta genauso wichtig wie das Herz, das Gehirn oder andere Organe, ohne die wir nicht leben können.

Gemeinsam mit Dr. Uwe Raaz, einem anderen Mediziner, habe ich in den USA daran geforscht, wie Bauchaortenaneurysmen entstehen, das sind Erweiterungen der Aorta im Bauchraum. Davon sind vor allem Menschen betroffen, die schon älter sind und die bestimmte Risikofaktoren haben, zum Beispiel Rauchen. Diese Erweiterungen können sehr gefährlich sein: Wenn sich die Aorta zu sehr ausdehnt, kann es passieren, dass sie reißt – wie ein Luftballon, den man zu weit aufpustet. Man kann Bauchaortenaneurysmen behandeln, meistens durch eine Operation. Trotzdem ist die Erkrankung so gefährlich, dass man daran sterben kann.

»Mein Traum: Menschen wirklich zu helfen«

Wir haben untersucht, wie es dazu kommt, dass solche Erweiterungen entstehen. Dabei haben wir festgestellt, dass eine kranke Aorta sehr hart wird, während eine gesunde Aorta ziemlich elastisch ist. Der Übergang zwischen weicher und harter Aorta sorgt dafür, dass es zu der gefährlichen Ausdehnung kommt. Dieses Ergebnis war ziemlich überraschend. Zuvor dachte man nämlich, dass eine Aorta sich erweitert, weil sie schwach und weich ist. Dabei ist das Gegenteil der Fall. Jetzt untersuche ich, ob und wie man eine Erweiterung der Hauptschlagader verhindern kann. Vielleicht kann dann ein neues Behandlungsverfahren entwickelt werden, das Menschen wirklich hilft. Das ist mein Traum! Herauszufinden, wie wissenschaftliche Erkenntnisse den Menschen zugutekommen können – das ist meine Aufgabe.

Ich bin in einer deutsch-persischen Familie aufgewachsen, in der Mitgefühl, Einsatzfreude und Gerechtigkeit bis heute eine wichtige Rolle spielen. Und es hat mich sehr geprägt, dass beide meiner Eltern in ihrem Leben ungewöhnliche Wege gegangen sind: Meine Mutter stammt aus dem Iran und ist wie Tausende andere in den 70er Jahren nach Deutschland gekommen. Hier hat sie dann Architektur studiert. Mein Vater kommt aus einer Landwirtsfamilie und war das erste Familienmitglied mit einem abgeschlossenen Studium. Weil also meine Eltern Abitur haben, war es für mich ganz normal, dass ich auch Abitur mache. Erst viel später ist mir bewusst geworden, wie wichtig dieser Schulabschluss für den weiteren Lebensweg ist. Dabei wusste ich lange Zeit nicht einmal, was ich werden soll.

»Andere sind entscheidend für den eigenen Erfolg«

Ich bin ziemlich sicher, dass ich beruflich nicht so weit gekommen wäre, wenn es meine Eltern und andere Menschen, die an mich geglaubt haben, nicht gegeben hätte. Damit meine ich vor allem Lehrerinnen und Lehrer in der Schule und an der Universität, aber auch andere Persönlichkeiten aus Medizin und Wissenschaft, aus Industrie und Gesellschaft. Ich glaube, dass solche Menschen ganz wichtig sind, wenn es um den eigenen Erfolg geht. Sie können dich anspornen, dir Mut machen und Türen öffnen – menschliche Beziehungen entscheiden eigentlich alles. Deshalb gebe ich meine Erfahrungen gerne weiter an andere und versuche jetzt selbst, junge Menschen zu fördern.

Auch bei meiner Arbeit bin ich kaum allein, sondern forsche in der Gruppe. Die medizinischen Fragestellungen und die Forschungstechniken sind so komplex, dass es gar nicht anders geht. Wir arbeiten mit vielen verschiedenen medizinischen Geräten, zum Beispiel mit Ultraschall, mit dem Mikroskop und so weiter. Wir sind also die meiste Zeit im Labor – oder im Büro. Das wichtigste Arbeitsgerät von allen ist tatsächlich mein Laptop. Hier werden die Daten ausgewertet, die zuvor gesammelt worden sind und aus denen wir Erkenntnisse gewinnen. Selten gibt es dabei so etwas wie einen ganz normalen Alltag, jeder Tag ist anders. Nur morgens versuche ich immer, alles ruhig anzugehen und erst einmal einen guten Espresso zu trinken. Sehr gern tausche ich mich mit anderen über meine Arbeit aus, nicht nur mit Medizinerinnen und Medizinern, auch mit anderen Menschen. So kann ich das, was ich weiß, einerseits vertiefen und bekomme andererseits immer wieder einen anderen Blick darauf.

MEDIZIN

Wer Medizin studiert, beschäftigt sich damit, wie man Krankheiten erkennen, lindern, heilen und vorbeugen kann. Ein Medizinstudium kann zum Arztberuf führen – oder auch in die Forschung.

Jessica Burgner-Kahrs

ROBOTER, DIE SICH DURCH DEN KÖRPER WINDEN

Mit welchen speziellen Eigenschaften Roboter den Menschen helfen können, weiß die Robotik-Expertin Jessica Burgner-Kahrs

Wenn du einen Roboter bauen müsstest – wie würdest du das anstellen? Was sollte der Roboter können? Wo würdest du ihn einsetzen? Vielleicht sollte dein Roboter dir das Leben einfacher machen, dein Zimmer aufräumen oder deine Hausaufgaben für dich erledigen. Solche Roboter gibt es sogar schon. Jessica Burgner-Kahrs hat aber noch ganz andere Ideen, wie Roboter nicht nur bequem sein können, sondern etwas tun, was Menschen selber nicht können.

Meine Kindergarten-Zeit war sehr kurz: Nach wenigen Wochen wurde ich wieder nach Hause geschickt. Die Erzieherinnen konnten einfach nichts mit mir anfangen, weil ich nicht wie ein kleines Kind gespielt habe. Stattdessen wollte ich den anderen Kindern beibringen, was ich schon wusste und konnte, Schleifen binden zum Beispiel. Außerdem habe ich den Erwachsenen beim Aufräumen geholfen. Also war ich bis zur Einschulung bei meiner Mutter und meiner kleinen Schwester zu Hause. Heute sagen meine Eltern, dass sie oft nicht so recht wussten, wie sie mit mir umgehen sollen. Ich war einfach anders. Schon mit drei Jahren habe ich unseren Videorekorder bedient, weil ich mir zuvor bei den Erwachsenen abgeschaut hatte, wie es geht. Außerdem habe ich in kurzer Zeit Puzzles mit vielen Teilen gelöst. Ganz genau hinschauen war schon immer wichtig für mich. Später im Gymnasium habe ich mich oft nicht zugehörig gefühlt. Typische Mädchenthemen fand ich blöd, ich habe mich mehr für Technik, Computer und Star Trek interessiert. Es gab ein paar Jungs, mit denen ich regelmäßig Netzwerksessions veranstaltet habe. Wir brachten unsere Computer zueinander und spielten Autorennen und Strategiespiele. Und zum Glück gab es einen Mathelehrer, der meine Begabung für Mathematik erkannt hat. Er hat mich darin bestärkt, dass ich zur Uni gehen sollte. Danach dachte ich lange Zeit, dass ich Medizin studieren und Chirurgin werden wollte. Aber dann starb mein Patenonkel mit Ende dreißig. Er hatte einen Gehirntumor und wurde innerhalb von wenigen Monaten einfach aus dem Leben gerissen. Bei seiner Behandlung sind einige Dinge schiefgelaufen und mir ist bewusst geworden, dass ich als Chirurgin den Tod von Patienten verantworten können muss. So kam ich auf den Gedanken, mein Interesse an Medizin mit meiner Faszination für Computer zu kombinieren – mit Technik wollte ich die Arbeit der Ärztinnen und Ärzte vereinfachen! Also habe ich Informatik mit den Schwerpunkten Robotik und Maschinelles Lernen studiert und im Nebenfach Biomedizintechnik. Für meine Forschung spielt Beobachtung eine wichtige Rolle: Ich schaue mir besondere Fähigkeiten von Tieren an. Ich interessiere mich dafür, wie ein Elefant seinen Rüssel nicht nur als Nase, sondern auch zum Greifen, zum Trinken und zum Kämpfen nutzt. Und ich sehe ganz genau hin, wie eine Schlange sich um Hindernisse windet oder wie ein Ameisenbär mit seiner langen Zunge auch die unzugänglichsten Termiten noch erreichen kann.

»Wir müssen uns anschauen, was Tiere können«

Es ist wichtig, dass wir uns gut anschauen, was Tiere können. Denn noch immer sind die meisten Roboter nach menschlichem Vorbild gebaut. Die Roboter, die wir bauen, sind ganz anders. Sie haben keine Gelenke, die sie knicken können, sondern bestehen aus elastischen Materialien. So können sie sich wie eine Schlange oder ein Wurm bewegen. Außerdem sind diese »Kontinuumsroboter« sehr klein und können sich mühelos in die entlegensten Ecken winden. Zum Beispiel durch die Nase bis in das Gehirn, wenn dort ein Tumor entfernt werden soll. Oder in ein Flugzeugtriebwerk, um zu prüfen, ob alle Turbinenschaufeln intakt sind oder repariert werden müssen.

Meine Arbeitstage sind meistens sehr lang, weil mir die Forschung im Team so viel Freude macht, dass ich immer wieder die Zeit vergesse.

»Die Arbeit fühlt sich nicht nach Arbeit an«

Ehrlich gesagt fühlt sich das, was wir tun, oft gar nicht nach Arbeit an. Wir arbeiten zusammen in einer Gruppe und bauen unsere Roboter selbst. Wir haben viele Computer, um die Bewegungen zu programmieren und setzen Messgeräte und Sensoren ein. Damit prüfen wir, ob unsere Roboter auch das tun, was wir programmieren und berechnen. Ähnlich wie bei einem Videospiel haben wir Eingabegeräte, mit denen der Benutzer oder die Benutzerin die Roboter fernsteuert.

Außerdem drucken wir mit unseren 3D-Druckern neu entwickelte Bauteile. Weil Robotik so viele Facetten hat, brauchen wir das Wissen aus vielen Bereichen: aus Informatik, Maschinenbau, Elektrotechnik, Mechatronik, Materialwissenschaft, aber auch aus der Medizin. Das Arbeiten mit so einem diversen Team von Expertinnen und Experten, Studierenden und Doktoranden ist sehr bereichernd. Unsere Forschung an Kontinuumsrobotern ist Cutting Edge, wie wir sagen, also wirklich auf dem allerneuesten Stand. Wir wissen, dass unsere Forschung dazu beiträgt, dass medizinische Behandlungsmethoden verbessert oder technische Vorgänge automatisiert werden können. Das gibt uns ein verbindendes Gefühl.

ROBOTIK

Robotik ist die Wissenschaft von Robotern und ihrer Technik. Zu ihr gehören je nach Schwerpunkt verschiedene andere Fächer, zum Beispiel Mechatronik, Elektrotechnik, Maschinenbau und auch Informatik (siehe S. 49).

Thomas Böttcher

WINZIGE, BESONDERE DINGE

*Wo der Biochemiker Thomas Böttcher
wahre Schätze entdeckt*

Stell dir vor, du verabredest dich mit deinen Freundinnen und Freunden. Wie kannst du sie in einer Menschenmenge entdecken? Vermutlich nutzt du deine Sinne: Du siehst deine Freunde oder du hörst vielleicht ihre Stimmen. Und falls du sie nicht gleich entdeckst, kannst du nach ihnen rufen. Bakterien aber sind winzig klein und haben weder Augen noch Ohren. Und trotzdem können sie sich finden und miteinander kommunizieren. Wie das funktioniert, erforscht Thomas Böttcher.

Als ich ungefähr zehn Jahre alt war, kam ich auf dem Nachhauseweg von der Schule an einem großen Platz mit Kieselsteinen vorbei. Ich warf ein paar Steine aufeinander und dabei platzte einer davon auf. So gab der Stein das Fossil eines Ammoniten frei, eines versteinerten, prähistorischen Tintenfisches, der vor vielen Jahrmillionen gelebt hat. In diesem Moment habe ich verstanden, dass man das Besondere auch in Dingen entdecken kann, die auf den ersten Blick ganz unscheinbar aussehen. Und so ist das auch mit Bakterien – man muss nur ganz genau hinschauen und manchmal auch ein bisschen Glück haben.

Wir Menschen bestehen nicht nur aus menschlichen Zellen, sondern auch aus mindestens genauso vielen Zellen von unterschiedlichen Mikroorganismen, die in uns und auf uns leben, Bakterien zum Beispiel. Diese Mikroorganismen haben großen Einfluss auf unsere Gesundheit. Sie wirken auf unsere Verdauung und vielleicht sogar auf die Funktionen unseres Gehirns. Viele Mikroorganismen helfen uns dabei, gesund zu bleiben. Einige aber können uns schwer krank machen. Wenn wir verstehen wollen, wie sie zusammenwirken, müssen wir ihre Art der Sprache lernen, die über den Austausch von chemischen Stoffen funktioniert. Zur Verständigung untereinander nutzen Bakterien nämlich chemische Signale. Sie schicken Moleküle, also kleinste Teilchen, aus. Mit diesen Signalmolekülen können die Bakterien unter anderem feststellen, wer alles um sie herum lebt. Wenn viele Bakterien der eigenen Art in der Nähe sind, können sie Giftstoffe herstellen, die im Menschen Krankheiten auslösen.

Mit meiner Forschung will ich verstehen, welche Moleküle die Bakterien genau herstellen und warum sie dies tun. Und ich mache Experimente, wie man die Produktion von Signalmolekülen in den Bakterien blockieren kann. Dann könnten Krankheitserreger nämlich keine Giftstoffe mehr produzieren und wären für den Menschen unschädlich gemacht. Manchmal setzen Bakterien ihre Moleküle aber auch als Waffen gegen andere Bakterien ein, mit denen sie im Wettstreit um Nahrung und Platz stehen. Solche Moleküle zu finden ist sehr interessant, denn sie könnten dabei helfen, neue Medikamente gegen Infektionskrankheiten zu entwickeln.

Die Vielfalt an chemischen Stoffen, die Mikroorganismen herstellen, hat mich wirklich überrascht. Oft denkt man, dass man schon genau weiß, was eine bestimmte Bakterienart produzieren kann und was nicht. Und dann taucht plötzlich ein völlig neuer Stoff auf, den man bisher immer übersehen hat! Manche Bakterienarten sind fast wie kleine Chemiefabriken, und wir verstehen von allem noch sehr wenig.

»Plötzlich taucht ein völlig neuer Stoff auf!«

Für Natur und Umwelt, für Mineralien und Fossilien habe ich mich schon als Kind interessiert. Ich konnte stundenlang an einem Teich sitzen und Tiere beobachten. Später hatte ich einen Lehrer in Chemie, der mich für sein Fach begeistert hat. Und meine Teilnahme am Wettbewerb »Jugend forscht« war ein ganz wichtiges Erlebnis, vielleicht bin ich deshalb Wissenschaftler geworden. Als ich schon auf dem Gymnasium war, habe ich nämlich gelesen, dass Wasserlinsen – das sind einfache Wasserpflanzen – dazu eingesetzt werden, verschmutze Gewässer zu reinigen.

Das hat mich fasziniert! Ich wollte in einem Projekt untersuchen, wie sich die Schwermetalle in diesen Pflanzen anreichern. Es fing alles ganz harmlos an mit ein paar Bechern mit Wasserlinsen, die aber nicht richtig wachsen wollten. Ich habe immer mehr über das Thema nachgelesen und das Projekt wurde dadurch immer größer: Im Keller habe ich eine Pflanzenkammer mit Beleuchtungsanlage eingerichtet, um die Pflanzen in einem sterilen Nährmedium zu kultivieren, das heißt, die Wasserlinsen konnten in einer keimfreien Umgebung wachsen. So konnte ich das, was ich wissen wollte, besser untersuchen.

Heute möchte ich als Forscher unbedingt noch viel mehr darüber erfahren, wie die vielen Mikroorganismen in unserem Körper und auf unserem Körper uns Menschen beeinflussen. Wenn wir davon mehr verstehen, können wir gezielte Eingriffe entwickeln, um bestimmte Krankheiten zu vermeiden oder zu heilen.

»Mikroorganismen sind Schätze«

Und ich wünsche mir, dass möglichst viele Leute verstehen, dass die Vielfalt der Mikroorganismen einer der größten Reichtümer ist, den wir haben. Je mehr wir über die chemischen Stoffe dieser Mikroorganismen wissen, desto besser können wir verstehen, welche Vorgänge im Körper über Gesundheit oder Krankheit entscheiden. Für mich sind diese winzig kleinen Organismen deshalb wie Schätze. Ich muss sie nur finden und heben.

CHEMIE

Die Chemie ist eine Naturwissenschaft, die sich damit beschäftigt, welche Stoffe es gibt, was die Stoffe jeweils für Eigenschaften haben und welche neuen Stoffe man noch entdecken kann.

Nimet Seker

VON ALLEM WENIGER

*Warum die Islam-Spezialistin
Nimet Seker lange Zeit dachte, dass
aus ihr nicht viel werden wird*

Dass Nimet Seker Abitur macht, war eigentlich gar nicht vorgesehen. In den 90er Jahren des letzten Jahrhunderts war es noch selten, dass türkischstämmige Kinder aufs Gymnasium gehen und in der Familie Seker war Bildung einfach nicht so wichtig. Nimets Mutter ist Analphabetin, sie kann also weder lesen noch schreiben. Und oft ist es so: Eltern erziehen ihre Kinder ähnlich, wie sie es selbst erlebt haben, als sie klein waren. Und trotzdem ist Nimet Seker Wissenschaftlerin geworden. Sie befasst sich mit einem Thema, das Menschen schon seit langer Zeit fasziniert: der Frage nach Gott und wie Menschen sie beantworten.

Ich forsche in einem Fach, das viel mit Lesen zu tun hat – und mit Religion: Ich bin Professorin für Islamische Textwissenschaft. Das ist ein Fach, das sich zwischen Literaturwissenschaft und Geschichtswissenschaft bewegt. Ich beschäftige mich mit dem Koran. Das ist für Muslime das wichtigste Buch der Welt, ähnlich wie die Bibel für Christen. Muslime glauben, dass Gott durch den Koran spricht und wollen dieses Buch daher besonders gründlich verstehen: Was sagt Gott im Koran? Wie spricht Gott zu den Menschen? Obwohl ich selbst Muslima bin, glaube ich, dass es neben dem Islam auch andere Zugänge zur göttlichen Wahrheit gibt – das ist ein Grundgedanke meiner Forschung. Und ich glaube auch nicht, dass ich endgültige Wahrheiten auf meine Fragen finde.

Meine Forschung befasst sich besonders damit, warum Bücher wie der Koran oder auch die Bibel nicht von jedem genau gleich verstanden werden. Je nachdem, wo jemand aufgewachsen ist, welche

Sprache er oder sie spricht und was er oder sie im Leben schon erlebt hat, werden Texte nämlich immer ein bisschen anders verstanden. Manchmal kommt mir das Verstehen deshalb so vor wie ein Spiel mit sehr komplizierten Regeln, die man kennen muss. Es gibt sogar einen eigenen Bereich in der Forschung, der sich damit befasst, warum Menschen Texte nicht immer gleich verstehen: »Hermeneutik« nennen wir dieses Gebiet.

»Ich dachte immer, dass ich scheitern werde«

Aufgewachsen bin ich in der Arbeitersiedlung einer westdeutschen Kleinstadt. Dort wohnten viele Kinder, deren Eltern so wie meine nicht in Deutschland geboren wurden. Da waren wir also ziemlich normal. In der Schule aber haben wir Kinder aus Migrantenfamilien oft nicht richtig dazugehört. Dass ich einmal Abitur machen, studieren und einem Beruf nachgehen würde, war nicht sehr wahrscheinlich. Als Töchter von sehr ängstlichen, sehr religiösen Eltern sollten meine Schwestern und ich vor allem immer gut behütet sein. Große Pläne gab es für uns nicht. Im Vergleich zu den anderen, deutschen Kindern in der Schule hatte ich von vielen wichtigen Dingen weniger: weniger Spielzeug, weniger Freiheiten, weniger Wohlstand. Weniger Förderung durch die Eltern, weniger Hilfe bei Schulaufgaben. Dafür mehr Strenge zu Hause.

»Meine Schwestern haben mir Mut gemacht«

Meine besten Freundinnen waren meine beiden Schwestern, und ich habe immer gern Zeit mit mir selbst verbracht, mit Draußensein, Musikhören, mit Comics und Vampirgeschichten. Weil wir Bücher nicht einfach kaufen konnten, habe ich sie eben ausgeliehen, ich war jede Woche in der Stadtbibliothek. Im Sommer haben wir mit der Familie lange Reisen durch Europa in Richtung Türkei und weiter in den Mittleren Osten gemacht – da gab es zwar auch Spannungen, aber das waren interessante und lehrreiche Erfahrungen, die mich geprägt haben.

Meine Schwestern haben mir Mut gemacht, als erstes Kind aus unserer Familie aufs Gymnasium zu gehen. Später gab es vor allem eine Deutschlehrerin, die gesehen hat, dass ich aus Verhältnissen komme, in denen Bildung keine große Rolle spielt – und dass ich trotzdem etwas kann! Ich glaube, sie war auch eine treibende Kraft dafür, dass ich in den Geisteswissenschaften gelandet bin. Wer weiß, was aus mir geworden wäre? Nicht viel, vielleicht. Ich habe nicht an mich geglaubt und ich dachte immer, dass ich scheitern werde.

Weil mich der Koran aber so interessiert hat, weil ich eine Büchernärrin bin und mehr von der Welt sehen wollte, habe ich mir meine Ausbildung hart erkämpft. Heute habe ich einen ordentlichen Beruf, sitze oft am Bildschirm im Büro oder im ICE. Meistens habe ich bisher allein geforscht, erst seit ich Professorin bin, arbeite ich auch immer mehr in Gruppen. Außerdem muss ich jede Menge Papierkram erledigen und in Sitzungen mit anderen Beschäftigten der Universität andauernd Dinge besprechen, die nicht immer spannend sind. Abgesehen davon habe ich viel mit anderen Menschen zu tun, die in allen möglichen Ländern der Welt an ähnlichen Forschungsfragen arbeiten wie ich. Menschen, die auch herausfinden wollen, wie der Koran genau entstanden ist und wie sich der Islam entwickelt hat. Ich habe Kontakt mit vielen Glaubensströmungen aus mehreren Religionen, es ist alles sehr global. Niemals hätte ich als Kind für möglich gehalten, dass ich einmal so arbeiten würde – und meine Eltern sicher auch nicht. Allerdings denke ich, dass mein Vater mir sogar geholfen hat: Er hat mit seiner strengen Erziehung zwar übertrieben. Die religiöse Bildung hat mir aber Disziplin beigebracht und ich habe im Studium von diesen Kenntnissen profitiert.

ISLAMISCHE TEXTWISSENSCHAFT

Wissenschaftler*innen der Islamischen Textwissenschaft befassen sich mit der Entstehung des Koran und anderen wichtigen islamischen Texten – und damit, wie diese Texte verstanden werden können.

Nausikaä El-Mecky

WENN WIR DEN HASS VERSTEHEN, VERSTEHEN WIR AUCH DIE LIEBE

Was die Kunsthistorikerin Nausikaä El-Mecky über Menschen denkt, die Kunst zerstören

Kennst du das Gefühl, dass du in einem Museum manchmal gerne einfach etwas umschubsen würdest? Nur um zu sehen, was passiert? Dass du am liebsten den schwärzesten Filzstift nehmen möchtest, um ein gemaltes Porträt mit einem Schnurrbart zu verzieren oder mit schwarzen Zähnen? Dann bist du damit nicht allein. Nausikaä El-Mecky kennt das auch. Und sie glaubt, dass viele Menschen solche Gedanken haben.

Wenn man in einem Museum absichtlich etwas Kostbares beschädigt, wird man verhaftet. Trotzdem kommt es immer wieder vor, dass Leute Gemälde, Skulpturen und andere Kunstwerke zerstören. Und zwar aus ganz verschiedenen Gründen: Manche tun das, um einmal etwas richtig Verrücktes zu machen. Oft aber denken solche Menschen, dass ein Kunstwerk falsch ist. Dass es gefährlich ist, für die ganze Welt oder für die eigene Seele. Und dass es deshalb verschwinden sollte. Das ist meine Arbeit: Ich versuche zu verstehen, warum Menschen Kunst zerstören oder zerstören lassen. Was ich dabei herausfinde, ist ziemlich aufregend und manchmal ganz schön überraschend. Oder hast du gewusst, dass es im Laufe der Geschichte schon mehrmals vorgekommen ist, dass es Menschen sogar erlaubt wurde, Skulpturen absichtlich kaputt zu machen?

Wenn Menschen Kunst angreifen, dann geht es dabei meistens nicht um verrücktes Zeug oder Bilder mit nackten Menschen darauf oder so. Sondern um Kunstwerke, die eigentlich ganz unschuldig aussehen, an die die Leute gewöhnt sind, weil es sie schon seit Jahrzehnten oder sogar seit Jahrhunderten gibt. Deshalb glaube ich, dass Liebe für Kunst und Hass auf die Kunst bei solchen Angriffen so nah beieinanderliegen, dass man sie oft gar nicht mehr richtig auseinanderhalten kann. Und ich meine, dass wir besser verstehen können, was das Besondere und Tolle an Kunst ist, wenn wir uns ansehen, warum Menschen Kunst zerstören. Anders gesagt: Wenn wir den Hass der Menschen auf die Kunst verstehen, verstehen wir auch die Liebe.

»Ich bin auch Designerin und Performerin und liebe die kreativen Momente«

Bei einem neuen Fall von Kunstzerstörung denke ich am Anfang immer, dass es diesmal ganz einfach ist. Dass diese eine Person dieses eine Bild zerstört hat, weil sie solche Bilder eben nicht mag. Und jedes Mal stelle ich dann fest, dass ich mich wieder geirrt habe und dass es in Wirklichkeit doch alles viel komplizierter ist – und ich liebe es, wenn das passiert! Es ist spannend, sich zu täuschen. Vielleicht finde ich heraus, dass die Person das Bild sogar sehr gemocht hat, aber nicht wollte, dass jemand das bemerkt. Oder dass die Kunst der Person ganz egal war, dass sie sich aber durch die Zerstörung mächtiger und beliebter fühlen wollte. Oder dass die Person so tut, als würde sie dem Kunstwerk selbst gar nichts antun wollen, aber verhindern will, dass der Künstler oder die Künstlerin weiter Kunst macht.

»Es ist spannend, sich zu täuschen«

Solche Widersprüche faszinieren mich, und ich möchte herausfinden, was verschiedene Angriffe auf Kunst gemeinsam haben. Dabei ist es ganz egal, zu welcher Zeit und an welchem Ort sie passiert sind, ob jemand aus dem frühen Mittelalter die Augen einer Skulptur ausgekratzt oder in der Gegenwart ein Moderator auf Instagram ein Bild gelöscht hat.

Wenn man bedenkt, dass ich heute so etwas wie eine Historikerin bin, ist es interessant, dass ich in der Schule nur mittelmäßig in Geschichte war – obwohl ich mich sehr angestrengt habe. Aber ich habe mich schon immer sehr für Geschichten, für Sprache und für Fantasiewelten interessiert. Im Alter von zehn Jahren habe ich mich mit einem Mädchen angefreundet, mit dem ich zwei Jahre lang fast nichts anderes als Theater gespielt habe. Wir haben uns eigene Theaterstücke ausgedacht und einen Riesenaufwand dafür betrieben. Lange Zeit noch dachte ich, dass ich einmal Schauspielerin werden würde. Mit 18 Jahren habe ich dann aber entdeckt, dass mich die ganze Theaterwelt sehr unglücklich macht. Ich habe mich nie so wenig kreativ gefühlt wie in der Zeit nach dem Abitur, als ich anderthalb Jahre lang Theater studiert habe.

Heute weiß ich, dass man auch als Kunsthistorikerin kreativ sein kann, wenn man das möchte. So ganz nebenbei bin ich in meinem Beruf nämlich auch so eine Art Designerin und Performerin und ich mag die kreativen Momente, in denen ich meine Forschung in etwas Neues umwandeln kann: in eine spannende Veranstaltung, einen tollen Vortrag oder eine gute Animation. Eine meiner Lieblingsbeschäftigungen bei der Arbeit sind die Gespräche mit meinen Studentinnen und Studenten, außerdem verbringe ich viel Zeit mit Schreiben oder mit der Erstellung von Animationen für Präsentationen (Animationen erstelle ich liebend gern!). Ich recherchiere viel in Bibliotheken und gehe auf Reisen zu Archiven oder zu Künstlern und Künstlerinnen, mit denen ich Interviews führe. Das alles macht mir sehr viel Spaß. Ich bin der Meinung, dass Kunst für alle da ist und dass jeder über Kunst sprechen darf. In Museen ist es oft ganz seriös und leise, aber Kunstgeschichte kann ganz anders sein: überraschend, spannend – und manchmal sogar richtig frech und wild!

KUNSTGESCHICHTE

Das Fach Kunstgeschichte beschäftigt sich mit der Erforschung von Kunstwerken: wie sie entstanden sind, warum sie entstanden sind und was sie bedeuten – von der Antike bis heute.

Lena Hipp

DIE WICHTIGEN DINGE SIND UNGLEICH VERTEILT

*Warum sich die Soziologin Lena Hipp
mit Ungleichheiten beschäftigt*

Mit Gerechtigkeit ist es ja so eine Sache. Oft wird darüber gestritten, was gerecht ist und was nicht. Und darüber, wieso manche Leute mehr von einer Sache haben als andere – oder eben sehr viel weniger. Verschiedene Vorstellungen prallen dann aufeinander: Was für die einen Menschen fair wäre, kommt anderen total ungerecht vor. Und während manche Leute finden, dass es völlig normal ist, dass nicht alle Dinge gleichmäßig verteilt sind, überlegen andere, was man gegen Ungleichheiten unternehmen könnte. Wie groß die Unterschiede zwischen einzelnen Menschen tatsächlich sind und wie man damit umgehen kann, überlegt sich auch Lena Hipp.

Schon als Kind und später als Jugendliche haben mich Ungerechtigkeiten sehr bewegt und es gab in den 90er Jahren einige Ereignisse, die mich sehr wütend gemacht haben. Als Frankreich im Pazifik Atomwaffentests durchgeführt hat, fand ich das unmöglich. Viele Länder auf der ganzen Welt und vor allem die Menschen, die dort im Pazifik lebten, waren gegen diese Tests. Und trotzdem wurden sie mehrmals gemacht. Auch die rechtsextremistischen, ausländerfeindlichen Übergriffe und Brandanschläge in Hoyerswerda, Rostock, Mölln und Solingen haben mich beschäftigt. Ich fand diese Angriffe wirklich schlimm. Zugleich haben solche Ereignisse in mir den Wunsch geweckt, mich einzumischen. Gemeinsam mit anderen Jugendlichen habe ich mich daraufhin politisch engagiert, wir haben Demos organisiert und dem Bürgermeister einen Raum für einen Jugendclub abgerungen. In unserem Dorf gab es nämlich nur sehr wenig Angebote für Jugendliche. Eigentlich haben alle Jungs Fußball gespielt und alle Mädchen waren im Kunstradverein – das ist eine Mischung aus Turnen auf dem Fahrrad und Synchronfahren. Ich war auch in diesem Verein und einmal bin ich auf dem Einrad sogar Deutsche Meisterin geworden. Aber rückblickend ist es schon seltsam, wie wenig Auswahl es gegeben hat und wie ähnlich wir uns als Kinder und Jugendliche verhalten haben. Ich dachte zum Beispiel bei manchen Fächern, dass ich darin besonders gut sein muss, nur weil ich ein Mädchen bin: Sprachen, Deutsch und Geschichte.

»Bei mir war sogar der Berufswunsch stereotyp«

Dieses Denken, also dass man glaubt, Mädchen müssten so sein und Jungs so, nennen wir in der Soziologie »stereotyp«. Bei mir war sogar der Berufswunsch stereotyp: Ich wollte Sekretärin werden und habe meine Eltern richtig angebettelt, dass sie mich auf einer Privatschule zur »Chefsekretärin« ausbilden lassen. Zum Glück hat meine Mutter gesagt, dass sie mich nur unterstützen würde, wenn ich selber Chefin werden wolle – und nicht die Sekretärin des Chefs. Außerdem hatte ich in der Oberstufe einen Klassenlehrer, mit dem ich große Diskussionen über biologische Unterschiede zwischen Männern und Frauen hatte. Er hat der Klasse immer wieder klargemacht: Nicht nur Jungs sind gut in Naturwissenschaften, Mädchen können das auch. Dafür bin ich ihm noch heute dankbar.

Genau diese Stereotype sind es, die ich mit meiner Arbeit als Soziologin abbauen möchte. Dafür erforsche ich, warum alles, was Menschen wichtig ist, so ungleich und oft auch ungerecht verteilt ist: Geld, Zeit, Gesundheit, Wohlbefinden. Natürlich ist nicht jede Ungleichheit auch ungerecht und es gibt viele Gründe dafür, dass manche mehr haben und andere weniger. Wenn wir aber gegen die Ungleichheiten etwas unternehmen wollen, die wir als wirklich ungerecht empfinden, dann müssen wir verstehen, woher sie kommen. Und das schaue ich mir an. Besonders interessiert mich gerade, wie die kleinen Ungleichheiten entstehen und wiederholt werden: Trauen wir Menschen, die aus ärmeren Familien kommen, weniger zu als Kindern aus reichen Familien? Trauen sich Kinder aus ärmeren Familien vielleicht selbst weniger zu? Landen sie deswegen seltener da, wo sie eigentlich gerne hinwollen?

»Es geht um Alltagserfahrungen«

Solche Fragen kann man für ganze Gruppen stellen, die oft benachteiligt werden, für Frauen zum Beispiel, für Personen mit Eltern, die in einem anderen Land geboren sind, oder für Menschen, die sich einfach nicht so verhalten, wie die meisten anderen es tun. Mit den Themen Arbeit und Familie kann eigentlich jeder etwas anfangen und ich unterhalte mich auch außerhalb meiner Arbeit viel darüber – es geht ja um Alltagserfahrungen. Viele Ergebnisse in der soziologischen Forschung sind gar nicht so überraschend. Dass es zum Beispiel Kinder aus wohlhabenden Familien in der Regel leichter im Leben haben als Kinder, deren Eltern arm sind, kann man sich denken. Oder dass Frauen im Durchschnitt weniger verdienen als Männer und seltener in Entscheidungspositionen in Politik, Wissenschaft oder Wirtschaft vertreten sind. Das Ausmaß solcher Ungleichheiten jedoch genau zu beziffern und zu wissen, wie sie sich über die Zeit entwickeln, ist kein Allgemeinwissen. Auch die Gründe für solche Ungleichheiten und wie stark sie jeweils wirken, sind oft gar nicht so genau bekannt. Hier braucht es die Sozialwissenschaften, die Daten erheben und auswerten. Das ist aus meiner Sicht wichtig und bedeutsam. Denn je mehr wir davon verstehen, wie soziale Ungleichheiten entstehen, desto besser können wir Gerechtigkeit herstellen.

SOZIOLOGIE

In der Soziologie erforschen Wissenschaftler*innen, wie Menschen in einer Gesellschaft zusammenleben und handeln, wie sie sich im Alltag verhalten und welche Rollen sie in bestimmten Situationen einnehmen.

Eva Buddeberg

ÜBER SICH UND DIE WELT NACHDENKEN

Warum die Suche nach guten Gründen hilfreich sein kann, weiß die Philosophin Eva Buddeberg

Für vieles im Leben gibt es gute Gründe. Wahrscheinlich gehst du abends nicht nur einfach so ins Bett. Sondern weil du müde bist oder weil jemand dir gesagt hat, dass du ins Bett gehen solltest. Und wenn du dich mit Freunden und Freundinnen triffst, dann hat vermutlich auch das einen Grund: Vielleicht willst du nicht allein sein. Oder du bist eben gern mit ihnen zusammen. Genauso gut kannst du nach Gründen suchen für das, was du denkst: Wieso hältst du manche Dinge für richtig und andere für falsch? Über sich selbst und über die Welt nachzudenken kann dazu führen, dass Zusammenhänge klarer werden. Und meistens führt dieses Nachdenken dann zu neuen Fragen. Eva Buddeberg hat das schon oft erlebt.

Als Philosophin denke ich darüber nach, wie Menschen möglichst gut miteinander zusammenleben können. Ich überlege, wie uns die Vernunft dabei hilft, Regeln zu finden, an die sich alle halten sollten, und welche Gründe es für diese Regeln gibt. Auch mache ich mir Gedanken darüber, warum sich Menschen trotzdem oft nicht an Regeln halten, obwohl sie die Gründe für die Regeln eigentlich einsehen. Zum Beispiel sind sich die meisten Menschen einig, dass bestimmte Dinge schlecht für das Klima sind: große Autos zu fahren, mit dem Flugzeug zu verreisen und so weiter. Trotzdem steigen Menschen ins Flugzeug und kaufen Autos, die viel Energie verbrauchen. Als Grund nennen sie dann etwa, dass andere das ja auch machen und dass sie mit ihrem Verhalten allein das Klima nicht retten könnten. Für das eigene Verhalten spielt das Verhalten anderer Menschen nämlich eine große Rolle. Aber warum? Und wie lässt sich das ändern?

Solchen Fragen geht die Philosophie nach. Sie ist ein Nachdenken darüber, wie wir uns selbst und die Welt verstehen. Und sie dient auch dazu, noch einmal genau zu überprüfen, was Menschen für ganz sicher halten. Wichtig für das Philosophieren ist deshalb, in Gedanken einen Schritt zurückzutreten. Das kann dazu führen, dass manche Dinge, die man für absolut wahr und richtig gehalten hat, plötzlich gar nicht mehr so eindeutig wahr oder richtig sind. »Wenn nur ich keine Flugreisen mehr unternehme, alle anderen aber schon, dann ist das doch sinnlos« – stimmt das wirklich?

> **»Ich prüfe meine eigenen Erfahrungen und das, was andere dazu schon gesagt haben«**

Über sich und die Welt nachzudenken gehört zu dem, was uns Menschen ausmacht. Und das betrifft auch Überlegungen, wie wir uns verhalten, wie wir handeln sollen und wie wir handeln wollen. Hier kann die Philosophie uns helfen. Wenn ich als Philosophin zum Beispiel verstehen will, warum Menschen etwas tun, obwohl sie genau wissen, dass es falsch ist, dann prüfe ich nicht nur meine eigenen Erfahrungen, sondern auch, was andere Philosophinnen und Philosophen schon dazu gesagt oder geschrieben haben. Und ich schaue mir an, wie sie ihre Meinungen begründen. Danach überlege ich, was davon mich überzeugt, was mich zu neuem Nachdenken anregt oder warum ich an manchen Stellen anderer Meinung bin. So komme ich vielleicht zu einer besseren Antwort auf meine Frage. Wenn mir das nicht gelingt, versuche ich weiter nachzudenken oder andere nach ihrer Meinung zu fragen.

Eine Frage, die mich schon sehr lange beschäftigt, ist zum Beispiel: Was ist Verantwortung? Über diese Frage habe ich ein Buch, meine Doktorarbeit, geschrieben. Ich habe untersucht, was das eigentlich bedeutet: wer für was vor wem warum verantwortlich ist und wie wir verantwortlich handeln können. Aus meiner Sicht beruht Verantwortung darauf, dass wir einander erklären, warum wir etwas tun oder nicht tun. Wir fordern von anderen Menschen Gründe für ihr Verhalten und Handeln und geben ihnen Gründe für unser eigenes Handeln. Wenn jemand sein Handeln mit guten Gründen verständlich machen kann, dann handelt er verantwortlich. Ich würde sagen, dass das etwas ist, was uns als Menschen auszeichnet und uns etwa von Tieren unterscheidet. So würde niemand im Ernst auf die Idee kommen, einen Hund zur Verantwortung zu ziehen und ihn zu fragen, warum er nicht gebellt hat, als jemand versucht hat, ins Haus einzubrechen. Über solche Fragen denke ich natürlich nicht ganz alleine nach und auch nicht nur, indem ich über das nachdenke, was andere Philosophinnen und Philosophen schon dazu geschrieben haben. Vielmehr tausche ich mich auch im Gespräch mit anderen dazu aus. Und aus all dem entwickele ich dann einen eigenen Standpunkt.

»Am Ende geht es immer wieder um gute Gründe«

Dieser Standpunkt soll gut begründet sein, aber es kann sein, dass bald schon jemand einen Einwand hat, den ich noch nicht berücksichtigt habe. Dann tue ich gut daran, meinen Standpunkt zu überdenken und meine Auffassung zu verändern oder sogar ganz aufzugeben, weil meine Gründe nicht ausreichen. Am Ende geht es in der Philosophie immer wieder um gute Gründe, um Gründe, die uns auch nach mehrmaligem Nachdenken noch richtig vorkommen.

PHILOSOPHIE

Wer Philosophie studiert, befasst sich mit den großen Fragen der Menschheit: Was ist die Wahrheit? Wie sollen wir handeln? Woran können wir glauben? Solche Fragen werden immer wieder neu gestellt, so dass auch für die möglichen Antworten immer wieder neu nach guten Gründen gesucht wird. Und darum geht es vor allem.

Christopher Degelmann

GERÜCHTE WAREN EINE WICHTIGE INFORMATIONSQUELLE

Warum sich der Althistoriker Christopher Degelmann für Klatsch und Tratsch in der Antike interessiert

Gerüchte gibt es immer und getratscht wird fast überall – auf dem Schulhof, in Büros, in der Nachbarschaft. Bestimmt hast du schon einmal gehört, wie jemand über jemand anderen redet – der oder die andere bekommt das dann meistens gar nicht mit. Vielleicht ist gar nicht alles wahr an dem, was man sich so über andere erzählt. Und trotzdem werden manche Geschichten immer weitererzählt. Klatsch und Tratsch sind aber keine Erfindungen der Neuzeit. Schon im antiken Griechenland und im antiken Rom wurden Gerüchte verbreitet – und genau dafür interessiert sich Christopher Degelmann.

Als Grundschulkind fand ich Fußball ganz toll. Ich habe mich aber nicht einfach nur für meinen Verein interessiert, für andere Mannschaften und Ergebnisse oder dafür, wie ich selber spiele. Ich wollte auch alles über die Geschichte von Fußball wissen, über alle Weltmeisterschaften, alle Europameisterschaften, die es bisher gab. Und ich glaube, dass ich dieses historische Interesse meiner Mutter verdanke. Dafür bin ich ihr sehr dankbar, denn die Erforschung von Geschichte ist heute mein Beruf und der ist ganz schön spannend.

Ich beschäftige mich vor allem mit den alten Griechen und den alten Römern. Die haben vor vielen, vielen Hundert Jahren gelebt. Damals gab es noch keinen Strom, es gab keine Autos und keine Maschinen. Alles musste von Hand gemacht werden und zum Bauen nahm man Steine und Holz. Ich erforsche, wie das alles genau war, wie der Alltag zu dieser Zeit ausgesehen hat, wie die Menschen zusammengelebt haben und welche Regeln sie für das Zusammenleben hatten. Ich möchte herausfinden, welche Kleidung die Leute früher getragen haben und welche Bedeutung bestimmte Kleidungsstücke hatten. Und ich erforsche, wie Menschen miteinander kommuniziert haben.

»Die Antike ist für die Gegenwart sehr spannend«

Nicht alle Menschen verstehen, warum man sich heute noch mit der Antike befassen sollte, und ich muss das immer wieder einmal erklären. Denn ich selbst habe dazu natürlich eine Meinung. Viele Fragen und Probleme, mit denen sich unsere Gesellschaft heute befassen muss, waren schon für die Menschen in der Vergangenheit wichtig. Und das kann für uns in der Gegenwart sehr spannend sein. Gerade beschäftige ich mich zum Beispiel besonders mit Gerüchten. Heutzutage hält man Gerüchte oft für gefährlich, vor allem, wenn es um Politik geht. Manche fürchten, dass Gerüchte unserer Demokratie schaden, weil man den Politikern und Politikerinnen nicht mehr zuhört und ihnen nicht mehr glaubt. Im klassischen Athen, in der ersten Demokratie der Weltgeschichte, war das ganz anders! Da war man Gerüchten gegenüber aufgeschlossen, weil sie eine wichtige Informationsquelle waren. Insgesamt kann man sagen, dass die Antike total anders war als die Gegenwart heute. Und trotzdem ist das, was die Menschen damals gemacht haben, eng verwandt mit dem, was wir heute tun.

Mein Forschungsalltag findet hauptsächlich im Büro statt oder in einer Bibliothek. Ganz selten bin ich auch in Archiven. Und manchmal bin ich auch bei Ausgrabungen dabei, ich war zum Beispiel schon in der Felsenstadt Petra in Jordanien, die kennen manche vielleicht aus dem Film Indiana Jones 3. Das war sehr beeindruckend! Meistens aber sitze ich am Computer, lese in Büchern oder unterrichte meine Studentinnen und Studenten, was mir sehr viel Spaß macht.

»Ohne den Mauerfall hätte ich niemals studiert«

Wenn ich in meinem eigenen Leben zurückschaue, kann ich sagen, dass ich eine sehr glückliche Kindheit hatte, obwohl das Geld eigentlich immer knapp war. Meine

Mutter war alleinerziehend und die meiste Zeit ohne Arbeit. Das war nicht ganz einfach und trotzdem hat sie viel möglich gemacht. Vor allem hatte sie Zeit für mich und sie hat mich bei allem unterstützt, was ich mir vorgenommen habe. Andere erwachsene Bezugspersonen hatte ich nicht. Bestimmt wäre mein Leben aber anders verlaufen, wenn es nicht die Wiedervereinigung gegeben hätte – ich wurde 1985 noch in der DDR geboren, die es heute nicht mehr gibt. Ohne den Mauerfall hätte ich niemals studiert, da bin ich mir ziemlich sicher.

Als Kind der 90er Jahre habe ich viel Fernsehen geschaut, das war damals noch anders als heute. Außerdem habe ich mit meinem besten Freund gern Super Nintendo gespielt, das war eine Spielkonsole, die es vor der Playstation gab. Das beste Spielzeug überhaupt war für mich aber Lego. Damit habe ich mich wirklich andauernd beschäftigt und die Steine überall in meinem Zimmer verstreut. Ich wollte sogar eine Zeitlang Architekt werden, weil mir das kreative Bauen so viel Spaß gemacht hat. Als ich aber gemerkt habe, dass Architektur viel mit Mathematik und Physik zu tun hat, ist dieser Berufswunsch wieder verschwunden. Längere Zeit wusste ich nicht mehr, was ich werden soll – bis mir zum Glück mein Interesse für Geschichte wieder eingefallen ist. Lego spiele ich nur noch mit meiner Tochter, das hat irgendwann nachgelassen, und ich habe Musik und Konzerte für mich entdeckt. Daran hat sich bis heute kaum etwas geändert. Im Grunde bin ich immer ein 17-Jähriger geblieben.

EUROPÄISCHE GESCHICHTE

Wer Europäische Geschichte erforscht, befasst sich mit der Vergangenheit Europas und untersucht, was man daraus für die Gegenwart und für die Zukunft lernen kann.

Anna Cord

ZERSTÖRTE ÖKOSYSTEME STELLT MAN NICHT EINFACH WIEDER HER

Was passiert, wenn Menschen die Natur verändern, erforscht die Landschaftsökologin Anna Cord

Wann fühlst du dich wohl? Wenn du satt bist vielleicht? Wenn du nicht frierst? Vermutlich fallen dir gleich mehrere Dinge ein, die du zum Leben brauchst. Abgesehen von dem, was dir persönlich besonders wichtig ist, haben alle Menschen auf der Welt ein paar Bedürfnisse gemeinsam: Wir brauchen sauberes Wasser und Luft zum Atmen. Wir müssen Essen haben, das genug Nährstoffe enthält, damit wir gesund bleiben. Außerdem brauchen wir Bewegung, ein warmes Zuhause und ausreichend Schlaf. Anna Cord weiß, dass das für andere Lebewesen genauso ist: Jedes Bakterium, jeder Pilz, jede Pflanze und jedes Tier braucht bestimmte, manchmal sehr spezielle Bedingungen, um überleben zu können.

Ich habe mich schon als Kind für alles interessiert, was lebt: Blumen, andere Pflanzen, Tiere aller Art. Als Grundschülerin bin ich einmal eine ganze Stunde zu spät zum Unterricht gekommen, weil ich auf dem Schulweg Regenwürmer gerettet habe. Es hatte an diesem Morgen geregnet und die Würmer sind aus der Erde und über die Straße gekrochen. Ich konnte erst weitergehen, als ich alle eingesammelt und am Straßenrand wieder abgesetzt hatte. Dafür habe ich ziemlich Ärger mit meiner Lehrerin bekommen, aber mir war das eben wichtig. Nach dem Abitur habe ich mich dann ein paar Wochen jeden Tag um die Rettung von Tieren gekümmert: Ich war einen Sommer lang auf der griechischen Insel Kreta, wo Meeresschildkröten nisten. Ich habe mitgeholfen, ihre Nester zu bewachen, und habe die Babyschildkröten auf ihrem Weg ins Meer begleitet. Das war ganz toll!

»Der Klimawandel verändert Lebensräume«

Leider sind mittlerweile viele Tier- und Pflanzenarten auf Hilfe und Rettung angewiesen – weil sie vom Aussterben bedroht sind. Denn jede Art benötigt zum Überleben ganz bestimmte Umweltbedingungen. Alle müssen Nahrung haben und die für sie richtige Temperatur, so gut wie alle brauchen Wasser, viele Tiere brauchen außerdem Verstecke. Man nennt diese nötigen Bedingungen die »ökologische Nische«. Wenn die Umweltbedingungen an einem Ort geeignet sind, können bestimmte Arten vorkommen – sonst nicht. Die Umwelt verändert sich aber stark, wenn Menschen in Landschaften eingreifen, zum Beispiel durch Abholzung von Wäldern. Die Lebewesen, die bisher an genau dieser Stelle auf der Welt vorgekommen sind, können dann dort vielleicht nicht mehr leben. Genau das passiert gerade ziemlich oft und ziemlich schnell, schneller als jemals zuvor in der Geschichte der Erde. Und so kommt es, dass jeden Tag über 100 Tier- und Pflanzenarten aussterben. Veränderungen von Landschaften haben oft auch mit dem Klimawandel zu tun.

Das Klima wird auf der Erde immer wärmer und in einigen Gebieten regnet es nur noch sehr wenig, während andere sehr viel Regen in sehr kurzer Zeit bekommen. Dadurch verändern sich ganze Lebensräume, die sich Lebewesen miteinander teilen – man nennt das »Ökosysteme«. Wenn die Menschen nichts oder zu wenig unternehmen, um das Klima zu retten, dann gehen solche Ökosysteme kaputt. Das hat auch für uns Menschen dramatische Folgen: Wir brauchen intakte Ökosysteme, damit sie uns mit Nahrung, Wasser, sauberer Luft und vielem mehr versorgen. Sind sie einmal zerstört, kann man Ökosysteme nur ganz selten wiederherstellen, und wenn es überhaupt möglich ist, dann braucht das oft sehr viel Zeit. Wie das genau funktioniert und welchen Einfluss wir Menschen auf bestimmte Landschaften haben, ist ein wichtiger Teil meiner Forschung. Viele Zusammenhänge sind nämlich noch gar nicht gut bekannt. Fest steht, dass immer gut überlegt werden sollte, wofür welche Gebiete genutzt werden (zum Beispiel für Landwirtschaft, für die

Forstwirtschaft, zum Wasserschutz oder zum Naturschutz) und wie groß die genutzten Gebiete sein dürfen oder müssen.

> »Wir müssen weniger kaufen und weniger verbrauchen«

Eine ganz einfache, aber sehr wichtige Erkenntnis ist außerdem, dass wir in den wohlhabenden Ländern dringend lernen müssen, weniger zu kaufen und weniger zu verbrauchen. Leider sind Menschen nicht besonders gut darin, Dinge zu ändern oder sich umzustellen. Es muss aber sein! Zusammen mit anderen Forschenden überlege ich, wie man Landschaften nutzen kann, ohne zugleich dem Klima und der Umwelt so sehr zu schaden. Dabei verbringe ich viel Zeit am Computer, bin aber auch manchmal draußen unterwegs, um Daten zum Vorkommen von Pflanzen und Tieren zu sammeln. Wir forschen meistens in einer Gruppe, weil man verschiedene Leute mit unterschiedlichem Wissen und verschiedenen Fähigkeiten braucht, um unsere Forschungsfragen zu beantworten. Ich spreche aber auch mit meinen Kindern über meine Arbeit. Es geht schließlich um Dinge, die für uns alle sehr wichtig sind. Ich selbst wusste als Kind nichts über den Klimawandel oder darüber, wie empfindlich Ökosysteme sind. Es gab zwar auch damals schon Forschende, die vor den Veränderungen in unserer Umwelt gewarnt haben. Es haben sich früher aber einfach noch nicht so viele Menschen dafür interessiert. Das ist jetzt zum Glück anders – und es ist höchste Zeit dafür!

LANDSCHAFTSÖKOLOGIE

Landschaftsökolog*innen haben mit Geographie und Ökologie zu tun: Sie untersuchen die Wechselwirkungen zwischen Lebewesen und ihrer Umwelt in einem Landschaftsausschnitt.

Sarah Kim-Hellmuth

DAS ERBGUT ENTSCHEIDET MIT

Was Gene mit unserem Immunsystem zu tun haben, untersucht die Ärztin Sarah Kim-Hellmuth

Ob ein Mensch krank wird oder nicht, hat viel mit dem persönlichen Lebenswandel zu tun. Bestimmt fallen dir Dinge ein, die schädlich sind für die Gesundheit, und solche, die als ziemlich gesund gelten. Es gibt aber noch andere Einflüsse, die darüber entscheiden, warum manche Menschen erkranken und andere gesund bleiben. Und mit diesen Einflüssen werden wir bereits geboren. Sarah Kim-Hellmuth hat selbst einmal als Kind sehr hohes Fieber bekommen und musste deshalb ein paar Tage im Krankenhaus verbringen. Seitdem wollte sie Ärztin werden – heute erforscht sie unser Immunsystem.

Wir alle unterscheiden uns in unseren Genen – genauer gesagt: in unserem Erbgut. Das sind alle Erbinformationen, die beim Menschen in der DNA gespeichert sind. Das Erbgut entscheidet, welche Eigenschaften von einer Generation an die nächste weitergegeben werden. Daraus ergeben sich unter anderem die Köpergröße, die Hautfarbe oder die Haarfarbe eines Menschen. Genauso wird mit dem Erbgut auch die Wahrscheinlichkeit für verschiedene Erkrankungen weitergegeben. Für das Immunsystem spielt das eine wichtige Rolle: Manche Menschen liegen mit einer Erkältung mehrere Tage lang flach, während andere kaum etwas spüren, wenn sie erkältet sind. Warum das so ist und welchen Einfluss unser Erbgut darauf hat, würden wir gerne besser verstehen.

Hier setzt meine Forschung an. Wenn wir nämlich mehr darüber wissen, wie das Erbgut auf unser Immunsystem wirkt, können wir die Behandlungsmethoden für

Patientinnen und Patienten verbessern. Oder wir können Vorhersagemodelle entwickeln, wer ein hohes Risiko hat, an einer Infektion schwer zu erkranken. Auf solche Vorhersagen könnte man dann frühzeitig reagieren.

Fest steht, dass der Einfluss der Gene ziemlich komplex ist. Er ist nicht so stark, dass sich der Unterschied zwischen zwei Menschen nur über das Erbgut erklären lässt. Auch unsere Umgebung, unser Lebensstil, unsere Essgewohnheiten entscheiden darüber, ob wir an einer bestimmten Krankheit leiden werden oder nicht. Gene und Umwelt spielen also irgendwie zusammen.

»Als Forscherin darf man
ein Leben lang
neugierig bleiben«

Weil die meisten Experimente und Analysen in meinem Forschungsgebiet sehr kompliziert sind, gehen wir sie nicht alleine an, sondern in einer Gruppe. Für manche Experimente benötigen wir mehrere Hundert oder Tausend Testpersonen, da arbeitet man dann in wirklich großen Gruppen, sogenannten Konsortien, zusammen. Das macht sehr viel Spaß, weil man sich mit zahlreichen Leuten austauschen kann und jeder mit seinem speziellen Fachwissen zu einem wichtigen Projekt mit einem wichtigen Ziel beiträgt.

Bevor mein Arbeitstag beginnt, nehme ich mir früh am Morgen Zeit, um den Tag zu planen und mich auf den aktuellen Stand der Wissenschaft zu bringen. Danach fahre ich mit dem Fahrrad in die Kinderklinik, wo ich arbeite, und treffe mich mit meiner Forschungsgruppe. Gemeinsam führen wir spannende Experimente durch und analysieren die Daten, die wir dabei gewinnen, an Hochleistungsrechnern. Besonders Spaß macht mir dabei die enge Betreuung der Doktorandinnen und Doktoranden. Auch halte ich gerne Vorträge in Seminaren und auf Kongressen, um die nächste Generation an Wissenschaftlerinnen und Wissenschaftlern von unserer Forschung zu begeistern. Und weil ich auch Fachärztin für Humangenetik bin, werde ich ab und an zu Patientinnen und Patienten gerufen, die eine seltene oder unklare Erkrankung haben. Insgesamt stehen an einem ganz normalen Tag also viele einzelne Aufgaben an. In welcher Reihenfolge ich sie bearbeite und womit ich mich wie lange befasse, entscheide ich alleine. Diese Selbständigkeit ist für mich wichtig, damit ich den Freiraum habe, neue Ideen und Forschungsprojekte zu entwickeln.

<blockquote>»Ich musste früh selbständig sein und konnte eigene Entscheidungen treffen«</blockquote>

Schon als Kind hatte ich viele Freiheiten. Ich bin in einer deutsch-koreanischen Familie aufgewachsen und meine Eltern waren beide voll berufstätig. In meiner Jugendzeit ließen sich meine Eltern scheiden und meine Mutter wurde alleinerziehend. Ich musste also früh schon selbständig sein und konnte eigene Entscheidungen treffen. Das war toll, weil ich schon als Kind sehr neugierig war und viele Interessen hatte. Meine Hausaufgaben habe ich meistens direkt auf dem Heimweg in der Straßenbahn gemacht, um am Nachmittag Zeit für meine Hobbys zu haben. Ich habe viel Klavier gespielt und Ballett getanzt, später habe ich Kunstturnen und Judo ausprobiert und über Freunde Taekwondo kennengelernt. Dort habe ich zum ersten Mal leidenschaftliche Sportler und Sportlerinnen gesehen und das hat mich so in den Bann gezogen, dass ich kurze Zeit später selbst Taekwondo als Leistungssport betrieben habe. Diese Begeisterung und Neugier habe ich bis heute behalten. Als Forscherin darf man ein Leben lang neugierig bleiben und sein Wissen erweitern: Ich kann jeden Tag etwas Neues entdecken und an spannenden Fragen arbeiten, die keiner zuvor beantwortet hat. Das finde ich einfach großartig.

MEDIZIN/IMMUNOLOGIE

Die Immunologie ist ein Forschungsgebiet innerhalb der Naturwissenschaften und der Medizin (siehe S. 9). Sie befasst sich mit dem Immunsystem, also damit, wie der Körper sich gegen Krankheitserreger und andere Stoffe wehrt.

Ulrike von Luxburg

KÜNSTLICHE INTELLIGENZ IST NICHT IMMER GERECHT

Was Computer beim Lernen falsch machen können, ist das Spezialgebiet der Informatikerin Ulrike von Luxburg

Schon seit Langem träumen Menschen davon, Computer intelligent zu machen. Man müsste ihnen dafür einfach ganz viel beibringen, dachte man lange. Tatsächlich ist die Wirklichkeit aber sehr kompliziert. Es gibt viele Ausnahmen und manche Dinge sind nicht so eindeutig, wie sie sein sollten. Trotzdem kann man Computern beibringen, zumindest einzelne Aufgaben selbständig zu lösen. Aber kann man sich auf die Lösungen auch wirklich verlassen? Ulrike von Luxburg schaut sich das alles ganz genau an.

Als Kind hat mich Mathematik nicht besonders interessiert und von Informatik wusste ich gar nichts, einfach null. Ich war viel lieber draußen und bin auf Bäume geklettert. Während meiner ganzen Schulzeit hatte ich keinen Computer zu Hause und wir hatten auch keine Computer in der Schule. Viele Leute denken, man müsste sich mit Computern auskennen und Erfahrung mit Programmieren haben, bevor man ein Informatik-Studium anfängt. Aber das ist nicht so. Ich habe Mathematik im Hauptfach studiert, weil ich ab der neunten Klasse gemerkt habe, dass es mir liegt und dass ich es kann. Ich brauchte aber noch ein Nebenfach dazu. Und weil es an meiner Uni eine junge Informatik-Professorin gab, die ich supercool fand, habe ich eben Informatik genommen und komplett neu damit angefangen. Über ein Mathematik-Studium muss man wissen, dass es ziemlich schwer ist – auch für Leute, die in der Schule mit dem Fach keine Probleme hatten. Man verbringt wahnsinnig viel Zeit mit Übungsblättern, die einen so richtig an die Grenzen bringen können. Das fand ich toll. Weil ich aber etwas machen wollte, das einen konkreten Nutzen hat, bin ich mehr und mehr in die Informatik reingewachsen und habe darin auch meine Doktorarbeit geschrieben. Fast alle anderen im Studium und in meiner Promotionszeit waren übrigens Männer. Das hat mich nie gestört, aber man fällt als Frau schon auf, weil man oft die einzige weibliche Person im Raum ist.

»Wirklich intelligent wird der Computer nicht«

Mein Fachgebiet heute ist maschinelles Lernen, viele Menschen sagen auch »Künstliche Intelligenz« dazu. Man meint damit, dass Computer lernen, selbst Aufgaben zu lösen, die man ihnen stellt. Dafür muss man den Computer trainieren: Man zeigt ihm Beispiele, wie so eine Aufgabe gelöst werden kann. Und dann muss der Computer das, was er da gelernt hat, bei einer neuen Aufgabe selber ausführen. Ein typisches Beispiel dafür ist die Bilderkennung, also Gegenstände auf einem Bild zu erkennen – zum Beispiel ein Stoppschild. Wenn es selbstfahrende Autos geben soll, dann müssen die ja alle Zeichen im Verkehr erkennen können und vor einem Stoppschild das Richtige tun, nämlich anhalten. Dafür bringt man dem Computer bei, wie Stoppschilder aussehen können, und gibt ihm Trainingsdaten. Das sind viele, viele Bilder, mit Stoppschildern und ohne. Dazu sagt man dem Computer, wann auf einem Bild jeweils ein Stoppschild zu sehen ist – und wann nicht. So lernt der Computer schließlich, Stoppschilder zu erkennen. Das ist maschinelles Lernen. Wirklich intelligent wird der Computer dadurch aber nicht, denn er kann wirklich nur diese eine Aufgabe, die man ihm gezeigt hat, sonst nichts. Trotzdem ist das ein ganz tolles Verfahren, das überall auf der Welt schon verwendet wird.

Mit künstlicher Intelligenz können Computer Texte in eine andere Sprache übersetzen oder feststellen, ob jemand an einer Krankheit leidet. Manchmal setzt man Künstliche Intelligenz aber auch ein, um vorherzusagen, ob jemand einen Kredit zurückzahlen kann oder vielleicht ein Verbrechen begehen könnte. Das ist nicht immer so toll, wie es sich anhört. Denn auch ein

Computer kann Fehler machen, und die Verfahren sind nicht immer gerecht. Manchmal werden nämlich bestimmte Gruppen von Menschen dadurch benachteiligt und das kann man natürlich nicht akzeptieren. Deshalb überlege ich, ob Computer überhaupt gerechte Entscheidungen treffen können und was man dafür beachten muss. Ich schaue mir mir die theoretischen Grundlagen des maschinellen Lernens an, wann die Lernverfahren funktionieren und wann nicht. Und wie man diese sogenannten »Algorithmen« ändern muss, um gerechtere Ergebnisse zu bekommen. Ein Anwendungsgebiet, das mich zurzeit besonders interessiert, ist die Frage, was Künstliche Intelligenz in der Gesellschaft eigentlich machen soll und was lieber nicht. Wann zum Beispiel Gesichtserkennung zulässig ist und wann sie nicht so funktioniert, wie man es braucht.

Das alles klingt vielleicht kompliziert, aber davon sollte man sich nicht abschrecken lassen, wenn man sich grundsätzlich für Mathematik interessiert. Meine Arbeit ist wirklich wahnsinnig spannend. Als Jugendliche denkt man leider schnell, dass man zu blöd ist für ein Fach, nur weil man eine Sache einmal nicht versteht. Dabei ist das völlig normal, gerade in Fächern wie Mathe oder Physik. Aus meiner Sicht sind Mathematik und Informatik wirklich supercoole Berufsfelder für alle, die Spaß am Knobeln haben und gerne schwierige Rätsel knacken, auch für Leute, die nicht schon immer Computer-Spezialisten waren.

INFORMATIK

Informatiker*innen erforschen, wie man all das hinkriegt, was Computer und Handys heute können. Sie entwickeln die Techniken, mit denen andere Leute dann Programme und Apps schreiben können.

Racha Kirakosian

AUS DEM MITTELALTER ERZÄHLEN

Wie die Mittelalterforscherin Racha Kirakosian aus Bruchstücken das Bild von einer längst vergangenen Zeit zusammensetzt

Früher war vieles anders auf der Welt, na klar. Manches aber war vor ein paar Hundert Jahren schon ganz ähnlich wie heute. Zum Beispiel war den Menschen damals Geborgenheit wichtig, Liebe, Schutz und solche Dinge, die vermutlich auch dir etwas bedeuten. Daran hat sich über die Jahrhunderte hinweg also nichts geändert. Leider kann man die Menschen, die damals gelebt haben, aber nicht einfach fragen, woran sie geglaubt haben und was ihre Pläne waren. Racha Kirakosian hat trotzdem schon viel über das Leben in der Vergangenheit herausgefunden und kann lebendige Geschichten von Menschen erzählen, die schon lange tot sind.

Frauen hatten es noch nie einfach, auch nicht im Mittelalter. Und selbst vor etwa 100 Jahren noch hatten Frauen in Europa wenig zu melden. Deshalb denken viele, dass Frauen im Mittelalter wahrscheinlich gar nichts bestimmt haben, weil das ja noch länger her ist. Tatsächlich findet man in den Archiven, in denen Schriftstücke aus der Vergangenheit aufbewahrt werden, ziemlich viel Material, das von Männern handelt. Das liegt unter anderem daran, dass meistens Männer entschieden haben, was aufgeschrieben und aufbewahrt wird. Aber Frauen haben auch schon im Mittelalter versucht, ihr Leben selbst in die Hand zu nehmen und eigene Entscheidungen zu treffen. Wir haben nur nicht so viele Informationen darüber. Hier setzt meine Forschung an: Ich interessiere mich dafür, wie die Menschen im frühen Mittelalter gelebt haben und möchte vor allem die Geschichten von Frauen ausfindig machen und erzählen. Dabei darf man eine Sache nicht vergessen: Das, was wir heute über das Leben in der Vergangenheit wissen, ist bei Weitem nicht das, wie es wirklich war. Wir können immer nur Bruchstücke zusammensetzen und uns eine Vorstellung machen.

»Was noch erhalten ist, ist meistens Zufall«

Dafür nutze ich Texte, die in Archiven und Bibliotheken aufbewahrt werden. Die lese ich und versuche so viel wie möglich zu verstehen. Weil das Mittelalter schon so weit zurückliegt, ist es oft eine Frage des Zufalls, was von damals heute noch erhalten ist. Außerdem ist es natürlich so, dass nicht jeder seine Geschichte aufschreiben konnte. Deshalb wurde im Laufe der Zeit vieles einfach vergessen und wir wissen heute nichts mehr davon. Mich interessiert aber brennend, was den Menschen damals wichtig war und was sie der Nachwelt hinterlassen wollten: Wie wollten sie, dass man sich an sie erinnert? Welche Geschichten wollten sie unbedingt festhalten? Welche Gegenstände wollten sie erhalten? Außerdem frage ich mich, woran die Menschen geglaubt haben, welche Überzeugungen sie hatten. Und ich erforsche, wie ihnen der Glaube oder ihre Überzeugungen Energie für ihren Alltag gegeben haben. Seit einigen Jahren schon befasse ich mich außerdem mit dem Leben einer Gräfin. Sie hieß Katharina von Württemberg und ich habe schon viel über sie herausfinden können. Sie hat versucht, ihren eigenen Weg zu gehen, in einer Zeit, in der das fast unmöglich war. Darüber möchte ich noch viel mehr wissen, um mir eine Vorstellung von ihrem Charakter machen zu können.

Die Grundlage für meine Forschung ist die Annahme, dass nicht alle Menschen gleich sind und dieselben Möglichkeiten haben. Und leider haben deshalb auch nicht alle Menschen den gleichen Zugang zu Bildung und zu Wohlstand. Das habe ich früher selbst so erlebt: Ich war noch kein Jahr alt, da sind meine Eltern mit meinen Geschwistern und mir aus Syrien nach Deutschland geflüchtet.

»Ein Eintritt in eine andere Welt«

Das hat meine Kindheit sehr geprägt. Es war immer unklar, ob wir in Deutschland bleiben dürfen – und wie lange. Ich weiß noch genau, wie die Besuche in der Ausländerbehörde waren, vor denen mich sehr gegruselt hat. Unser Ziel war immer, als Flüchtlinge die sogenannte Anerkennung zu bekommen. Wir wurden aber nur geduldet und den Status der Duldung mussten wir alle sechs Monate neu beantragen. Erst nach vielen, vielen Jahren in Deutschland haben wir ein Bleiberecht bekommen. Die Frage, wohin ich gehöre und wohin wir gehen, hat mich deshalb sehr beschäftigt. Als Asylsuchende durften wir offiziell nie außerhalb unseres Landkreises verreisen. Zum Glück lebte im selben Ort wie wir eine Freundin meiner Mutter, die sich immer sehr um mich gekümmert hat. Sie hat mir gezeigt, dass es Möglichkeiten gibt, weiterzukommen. Mehr als alle anderen haben aber meine Eltern und meine Geschwister sehr an mich geglaubt und einige Lehrerinnen und Lehrer haben mich gefördert. Leider habe ich in der Schule und im Alltag auch rassistische Erfahrungen machen müssen. Das hat mich aber nicht aufgehalten und ich habe durch meine Forschung schon in vielen verschiedenen Ländern und an tollen Orten auf der Welt gelebt. Wenn ich heute als Mittelalterforscherin an meiner Arbeit sitze, kann ich mich stundenlang vertiefen, lesen und schreiben. Wenn ich forsche, ist das wie ein Eintritt in eine andere Welt, es gibt dann keine Zeit mehr und ich vergesse alles um mich herum. Genau das liebe ich daran. Es geht in der Forschung nämlich immer um die Sache, niemals um einen selbst! Es geht um das Wissen, und das Wissen gehört niemandem persönlich, sondern allen. Und man hat die Aufgabe, es zu teilen.

MEDIÄVISTIK

Mediävistik ist die Erforschung des Mittelalters. In der germanischen Mediävistik dreht sich alles um die deutschen Sprachen des Mittelalters.

Gisela Kopp

DIE BAUANLEITUNG VON TIEREN LESEN

Wie die Biologin Gisela Kopp Tiere erforscht, auch ohne sie persönlich zu treffen

Alle Zellen unseres Körpers enthalten eine Art Bauanleitung. Das ist die DNA, sie trägt die Erbinformation, die von Eltern zu ihren Kindern weitergegeben wird. Wir Menschen haben alle fast genau die gleiche DNA und sind uns im Großen und Ganzen sehr ähnlich. Aber es gibt eben auch kleine Unterschiede. Genau so ist das auch bei Tieren. Gisela Kopp liest die DNA von Tieren und geht den Ursachen von genetischen Variationen auf den Grund.

Früher fand ich Genetik zum Gähnen langweilig. Als ich nach dem Abitur ein Praktikum in einem Forschungsinstitut gemacht habe, konnte ich nicht verstehen, was man an einer bestimmten Reihenfolge von einzelnen DNA-Bausteinen interessant finden kann. Niemals hätte ich gedacht, dass ich einmal genau in diesem Forschungsgebiet landen würde! Und auch nicht, dass ich überhaupt in die Forschung gehen würde. Schule war mir immer eher egal: In meiner Familie war meine große Schwester schon »die Schlaue«, ich war mehr »die Praktische«. Außerdem war ich als Kind und auch als Jugendliche ziemlich frech und vorlaut. Ich habe meinen Eltern und einigen anderen Erwachsenen ziemlich die Nerven aufgerieben, ich habe mich mit Lehrerinnen und Lehrern angelegt und es mir mit einigen auch wirklich verscherzt. Zugleich war es aber so, dass Bildung in meiner Familie eine wichtige Rolle gespielt hat: Meine Vater ist das, was man »Bildungsaufsteiger« nennt, also jemand, der es geschafft hat, die eigene Lebenssituation durch gute Bildung entscheidend zu verbessern. Das lag wiederum an meinem Opa: Der hatte immer großen

Wert auf gute Schulnoten gelegt, weil Bildung für ihn eine Art Lebensversicherung war, also die Grundlage dafür, dass man das, was man tun möchte, auch wirklich tun kann. Heute kann man sich das kaum noch vorstellen, aber meine beiden Omas konnten sich ihre Berufe nicht frei aussuchen! Eine durfte gar keine Ausbildung machen und die andere zumindest nicht die, die sie wollte. Ich denke, dass mich diese Familiengeschichte darin bestärkt hat, meinen eigenen Weg zu finden.

»Ich wollte in die große, weite Welt«

Eigentlich hätte ich gerne biologische Anthropologie studiert, ich mochte Naturwissenschaften, fand die Evolution des Menschen und Affenforschung spannend und wollte in die große, weite Welt. Man konnte das Fach aber in Deutschland nicht studieren und für ein Studium im Ausland war ich dann doch nicht mutig genug. Also bin ich bei der Biologie gelandet, habe mich auf Anthropologie und Affenforschung spezialisiert – und bin so am Ende des Studiums zur Genetik gekommen. Die DNA ist nämlich überhaupt nicht langweilig: Bei jeder Vererbung verändert sie sich ein kleines bisschen und sorgt für Verschiedenheit, in der Biologie nennen wir das »Variation«. Von manchen Teilen der DNA verstehen wir ganz gut, was sie machen, zum Beispiel unterschiedliche Haarfarben. Bei anderen Teilen wissen wir das noch nicht. Nicht alle Variationen im Erbgut sind nach außen hin sichtbar, sie können uns aber viel über die Geschichte der Tiere erzählen. Das finde ich spannend.

»Man kann die DNA wie eine Uhr benutzen«

Wenn ich heute im Rahmen meiner Forschung die DNA von bestimmten Tieren untersuche, zum Beispiel von Affen, Fledermäusen oder Perlhühnern, dann möchte ich herausfinden, ob das Verhalten von diesen Tieren einen Einfluss darauf hat, wie schnell sich neue Arten bilden. Interessanterweise kann man die DNA wie eine Uhr benutzen: Je unterschiedlicher die DNA von zwei Lebewesen ist, desto länger muss es her sein, dass ihr gemeinsamer Vorfahre gelebt hat. Den ungefähren Zeitpunkt können wir berechnen, indem wir die Unterschiede in der DNA zwischen zwei Tieren vergleichen. Ganz besonders genau schaue ich mir an, wie die Verteilung von genetischen Variationen innerhalb einer Art aussieht. Ich möchte wissen, ob die Geschichte einer Art, wo sie ursprünglich herkommt und welche Klima- und Umweltveränderungen es gab, einen Einfluss auf bestimmte Variationen hatte. Ich frage, welche Rolle es für genetische Variationen spielt, wie sich Tiere verhalten – ob sie zum Beispiel in einer Gruppe leben oder alleine. Ohne genetische Untersuchung könnten wir viele Rätsel über Tiere und ihr Verhalten nicht lösen.

Weil ich wildlebende Tiere erforsche, arbeite ich viel mit Proben, die gesammelt werden können, ohne die Tiere zu stören, zum Beispiel Kot oder Federn. Ich war dafür viel in Westafrika und habe an den abgelegensten Orten Affenkot gesammelt. Oft wird uns Material auch zugeschickt und manchmal benutzen wir Proben aus naturwissenschaftlichen Museen.

Eine Tierart, mit der ich mich unbedingt noch näher beschäftigen möchte, ist eine Gruppe von Pavianen im Tschad, einem Land in Zentralafrika. Die Tiere leben dort seit sehr langer Zeit komplett abgeschnitten von allen anderen Pavianen. Sie wurden bisher wissenschaftlich nicht untersucht, lange Zeit wusste man nicht einmal, ob es sie überhaupt noch gibt. Ich wüsste wirklich gerne, wie ähnlich oder wie unähnlich sie ihren Artgenossen in anderen Teilen Afrikas sind. Und dafür reise ich vielleicht noch einmal hin – oder lasse mir zumindest ein kleines Röhrchen mit Affenkot schicken.

BIOLOGIE

Wie Lebewesen funktionieren und wie sie aufeinander reagieren – das ist Gegenstand der Biologie. Die biologische Anthropologie ist ein Teilgebiet davon und befasst sich mit der Erforschung des Menschen aus Sicht der Biologie.

Robert Kretschmer

DIE HELLE FREUDE AM EXPERIMENT

Wie man Moleküle auf Trab bringt, erforscht der Chemiker Robert Kretschmer

Wenn du ein Glas mit Schraubverschluss öffnen willst: Wie viele Hände nimmst du dafür? Vermutlich zwei, denn dann geht es einfacher und schneller. In der Chemie gibt es viele Moleküle, die gewissermaßen nur eine »Hand« haben. Und obwohl Moleküle keine Schraubverschlüsse öffnen müssen, wäre es für chemische Umwandlungen gut, sie könnten schneller arbeiten. Deshalb baut Robert Kretschmer im Labor Moleküle einfach um.

Koch sein und Chemiker sein ist gar nicht so verschieden. Als Kind wollte ich eins von beidem gerne werden. Ich habe mich für Kräuter und deren Heilwirkung interessiert, für Gartenarbeit und für Experimente. Mit meinen Freunden habe ich in einem verlassenen Militärgebiet gespielt, denn ich hatte sehr tolerante Eltern, die mir viel Freiheit gegeben haben. Wir haben Buden gebaut und mit Tarnnetzen versteckt, wir haben geschnitzt, gebastelt und auch Dinge ausprobiert, die wir besser gelassen hätten: Mit einem Hammer auf eine Patronenhülse zu hauen war im Rückblick nicht besonders schlau. Aber zum Glück ist niemandem etwas passiert. In der zehnten Klasse habe ich dann eine Entscheidung getroffen – für die Chemie und gegen die Schule: Ich habe das Gymnasium verlassen und erst einmal einen Beruf gelernt.

So bin ich Chemielaborant geworden, studiert habe ich später. Dabei bin grundsätzlich ganz gern in die Schule gegangen, besonders mochte ich Physik und Chemie. Ich hatte sehr gute Lehrer, die mich und meine Interessen gefördert haben. Während alle anderen in der Klasse saßen, durfte ich zum Beispiel im Chemielabor Experimente machen. Aber ich hatte für viele Dinge einfach nicht das Durchhaltevermögen, auch für viele Hobbys nicht. Ich habe ganz viel ausprobiert und dann wieder aufgehört – eine Zeit lang habe ich gerne geangelt, heute stehen die Angeln bei meinen Eltern im Keller.

»Wie etwas wirklich ist, merke ich im Experiment«

Meine helle Freude an Experimenten war letztlich ein Grund dafür, dass ich doch noch eine Begabtenprüfung gemacht habe, um an einer Universität studieren zu können. Ich hatte einfach keine Lust mehr, für meinen Arbeitgeber nur Vorschriften abzuarbeiten. Viel lieber wollte ich wieder frei rumprobieren und forschen. Im Studium war es anschließend so, dass mir im Labor niemand etwas vormachen konnte, da kannte ich mich aus und hatte schon einige Erfahrung. Aber man braucht für das Fach auch so etwas wie höhere Mathematik und das ist mir schwergefallen. Zugleich war ich kein typischer Student, der außer studieren auch viel feiern will. Ich war ein paar Jahre älter als meine Kommilitonen und Kommilitoninnen und wollte einfach nur schnell fertig werden.

Experimente mache ich heute noch immer. Ich vergleiche verschiedene Moleküle miteinander und schaue mir beispielsweise an, ob ein »zweihändiges« Molekül mehr kann als zwei »einhändige« Moleküle. Dabei kommt es immer wieder vor, dass ich mich irre bei dem, was ich mir so denke. Das erinnert mich dann wieder daran, dass jede Skizze, die ich auf einem Papier mache, einfach nur eine Möglichkeit ist, wie etwas sein könnte. Und wie es dann wirklich ist, merke ich im Experiment.

Wenn ich sage, dass Chemie wie Kochen ist, dann meine ich also: wie Kochen mit richtigen Zutaten und mit einem Rezept – aber total ohne Erfahrung! Denn die Moleküle, die wir herstellen, gibt es zuvor ja noch nicht. Man muss deshalb ganz viel ausprobieren und beobachten. Dabei finde ich es toll, wenn mich meine Experimente überraschen und ich ein anderes Ergebnis bekomme als das, was ich erwartet habe. Das kann zum Beispiel ein Molekül mit ganz neuen Eigenschaften sein. Und damit stößt man dann vielleicht eine neue Forschungsrichtung an.

Auch in meinem Alltag gibt es immer wieder neue Überraschungen, die meine Pläne vom Vortag über den Haufen werfen.

»Abends bin ich etwas schlauer als noch am Morgen«

Aber es gibt ein paar Dinge, die meistens gleich sind: Ich bringe meinen Sohn zur Tagesmutter und fahre dann entweder in die Universität oder ich schalte zu Hause meinen Computer ein. Ich halte Vorlesungen für die Studentinnen und Studenten und tausche mich mit meinen Mitarbeiterinnen und Mitarbeitern aus – das macht mir am meisten Freude. Und zwar ganz besonders dann, wenn wir irgendetwas, woran wir arbeiten, noch nicht verstanden haben. Unsere Forschung findet im Labor statt. Wir arbeiten viel mit Laborgeräten aus Glas und mit sogenannten Handschuhkästen – die sind besonders wichtig für uns. Diese Kästen sind geschlossen und haben an der Vorderseite eine Scheibe, in die Handschuhe eingelassen sind. So kann man hineingreifen, ohne dass die Hände wirklich in dem Kasten drin sind. Innen im Kasten herrscht eine besondere Atmosphäre, in der wir Menschen nicht überleben könnten: Es gibt keinen Sauerstoff und kein Wasser. Für unsere Arbeit ist das aber ideal. Wir entdecken fast täglich etwas Neues und werden durch die Chemie auf neue Themen aufmerksam. Das macht mir sehr viel Spaß. Wenn ich abends ins Bett gehe, bin ich meistens etwas schlauer als noch am Morgen. Und ich schlafe ein mit Fragen für den neuen Tag.

CHEMIE

Chemie ist überall – im Essen, in Kosmetik, in der Luft und so weiter. Das macht die Erforschung einzelner Substanzen und ihrer Eigenschaften enorm vielseitig und wichtig für andere Forschungsbereiche (siehe S. 121).

Lena Henningsen

LITERATUR AUS EINEM LAND, DAS GANZ ANDERS IST

Was die Chinawissenschaftlerin Lena Henningsen über Bücher aus China herausgefunden hat

Wenn du ein anderes Land kennenlernen willst, dann kannst du hinfahren und es dir ansehen. Du kannst mit den Menschen aus diesem Land sprechen, du kannst die Sprache des Landes lernen. Und du solltest unbedingt die Bücher lesen, die in diesem Land geschrieben werden. Denn es kann sein, dass du darin noch einmal ganz andere Geschichten findest als das, was dir von den Leuten, die du triffst, erzählt wird. Lena Henningsen macht genau das.

Ich komme aus einer Wissenschaftlerfamilie. Bis kurz vor dem Abitur hatte ich allerdings keinen Plan, was ich selbst einmal studieren sollte. Mit 15 Jahren hatte ich eine Weile lang sogar das Gefühl, dass ich in der Schule meine Zeit verschwende. Davor bin ich die meiste Zeit über eigentlich gerne hingegangen und mochte bis auf wenige Ausnahmen alle Fächer. Aber in der zehnten Klasse war es erst einmal nur furchtbar. Meine Familie war kurz zuvor von München nach Berlin gezogen und ich bin in einer Klasse mit 34 Schülerinnen und Schülern gelandet. Dauernd wurde die Sitzordnung geändert und man wechselte seinen Platz. Alle vier Wochen saß ich deshalb in der hintersten Reihe, wo man nichts mehr verstehen konnte, weil alle so laut waren. Gerettet hat mich die Musik: Ich habe mit anderen musiziert, im Orchester gespielt und außerhalb von meiner Klasse neue Freunde gefunden.

Weil ich eine Sprache lernen wollte, die noch keiner in meiner Familie konnte, habe ich mich nach dem Abitur für Sinologie entschieden. Als China- und Literaturwissenschaftlerin beschäftige ich mich mit dem Land China und mit seiner Politik, seiner Gesellschaft und mit der chinesischen Kultur. Außerdem erforsche ich Literatur aus China.

»Wer hat was wann und warum geschrieben und gelesen«

Dafür muss man zwei wichtige Dinge wissen: Erstens, dass die Volksrepublik China ein kommunistisches Land ist, das politisch ganz anders funktioniert als die Demokratie in Deutschland. Hier ist es zum Beispiel wichtig, dass wir freie Wahlen haben und dass nicht ein einzelner Mensch oder ein einzelnes staatliches Organ die ganze Macht hat. Es gibt außerdem eine freie Presse, die auch kritische Sachen über die Regierung schreiben kann. Und man kann sich darauf verlassen, dass der Staat die Rechte seiner Bürgerinnen und Bürger achtet und dass Gesetze für alle Menschen gleich gelten.

In China gibt es das alles nicht. Dort ist die Kommunistische Partei das Allerwichtigste, sie ist sogar wichtiger als der Staat. Zweitens ist China nicht nur die Volksrepublik, sondern auch Taiwan und Hongkong. Und auch wenn es die Regierung der Volksrepublik gerne anders hätte, ist Taiwan ein selbständiges demokratisches Land. Bei meinen Untersuchungen zur Literatur aus China will ich wissen, wer was wann warum und unter welchen Umständen geschrieben – und gelesen – hat. Dabei interessiert mich vor allem das, was von vielen Menschen gelesen wird, was also besonders populär ist. Solche Bücher sind in China manchmal Plagiate: Die Ideen von anderen Autoren werden verwendet und nacherzählt oder weitergeschrieben, meistens sogar ziemlich gut. Als ich meine Doktorarbeit geschrieben habe, ist mir zum Beispiel aufgefallen, dass es in China viele erfolgreiche Bücher gibt, die einfach die Geschichte von Harry Potter weitererzählen. Neue Harry-Potter-Geschichten darf natürlich eigentlich nur die Autorin von Harry Potter schreiben. Es gibt aber chinesische Autorinnen und Autoren, die das trotzdem machen und dabei richtig kreativ sind.

»Der Austausch mit Kolleginnen und Kollegen in China ist schwierig«

Gerade habe ich ein größeres Forschungsprojekt zum Lesen in China und befasse mich mit chinesischen Comics. Dabei schaue ich mir auch an, ob es in den Comics Figuren gibt, die lesen, und ich vergleiche solche Figuren miteinander. So will ich herausfinden, welche Figur zu welcher Zeit welche Texte liest und was das vielleicht bedeutet. Um das besser zu verstehen, habe ich in den letzten Jahren nicht nur sehr viele Comics gelesen, sondern auch viele Texte von anderen Wissenschaftlerinnen und Wissenschaftlern, die sich mit dem Lesen und mit chinesischer Literatur befassen.

Sehr schade ist nur, dass der Austausch mit Kolleginnen und Kollegen in China ziemlich schwierig ist. Es fehlt dort an Offenheit und Unbeschwertheit. Schon chinesische Studierende in Deutschland haben manchmal Angst, sich an bestimmten Diskussionen zu beteiligen und ihre Meinung zu sagen. Das war früher einmal anders und dass es so kommen würde, hätte ich nicht gedacht.

Bei meiner Arbeit brauche ich ein gutes Gleichgewicht von Ruhe und Unruhe: Ruhe brauche ich zum Lesen, Denken und Schreiben. Und mit Unruhe meine ich Reisen zu Konferenzen, Austausch mit Kolleginnen und Kollegen im Institut, Diskussionen mit meinem Team und Ablenkung durch Studierende mit klugen und neugierigen Fragen. Sehr gerne mag ich außerdem die Tage, an denen ich im Homeoffice arbeite. Da gibt es weniger Störung – und ich kann zwischendurch mal eine Waschmaschine anstellen oder eine Runde joggen gehen. So wird mein Kopf wieder frei.

SINOLOGIE

Wer Sinologie studiert, setzt sich mit der chinesischen Geschichte, Kultur, Literatur, Politik, Wirtschaft, Gesellschaft und noch vielem anderen mehr auseinander – und dafür lernt man auch die chinesische Sprache.

Hermine Mitter

FUNKTIONIERENDER KLIMASCHUTZ

Wie Landwirtschaft sich verändert und warum sie sich verändern muss, ist Forschungsgegenstand der Umweltsoziologin Hermine Mitter

Nicht jeder freut sich über einen Sommer ohne Regen. Denn manche Berufe hängen ganz besonders vom Wetter ab und davon, dass es ausreichend Niederschläge zur richtigen Zeit gibt. Würdest du als Bäuerin oder Bauer deshalb etwas gegen den Klimawandel unternehmen? Oder würdest du deinen Bauernhof anpassen, damit du irgendwie klarkommst mit der Erderwärmung? Hermine Mitter erforscht beide Möglichkeiten und noch viel mehr: welche Maßnahmen wirksam sind und warum einige Landwirtinnen und Landwirte sie umsetzen – und andere nicht.

An meine Kindheit habe ich viele lustige Erinnerungen. Meine Geschwister und ich mussten zwar täglich auf dem Bauernhof unserer Eltern mithelfen und zum Beispiel die Kälber füttern, wir hatten aber auch sehr viel Spaß: Wir haben auf den umliegenden Wiesen gespielt, im Sommer in einem alten Geräteschuppen übernachtet und sind im Winter auf einem Hügel hinter dem Haus Ski gefahren. Unser Vater hatte extra einen Skilift für uns gebaut! Wir Kinder konnten einfach spielen, da sein und wachsen. Allerdings wollte ich schon immer sehr viel wissen und habe andauernd sämtliche Familienmitglieder gebeten, mir zu sagen, was irgendwo geschrieben stand. Schließlich habe ich mir einfach selbst das Lesen beigebracht und schon mit fünf Jahren den anderen Kindern im Kindergarten vorgelesen.

Mit der Umgebung meiner Kindheit befasse ich mich noch immer: Ich erforsche, welche Folgen der Klimawandel für die Landwirtschaft hat, wie sich Bäuerinnen und Bauern daran anpassen und wie sie das Klima schützen können.

»Es ist beeindruckend, was ein Landwirt alles weiß!«

Um das herauszufinden, verwenden wir in unserem Forschungsteam mathematische Modelle, die die Vorgänge in der Natur und auf den Bauernhöfen berechnen. Außerdem führen wir Interviews mit Landwirtinnen und Landwirten und sprechen mit Expertinnen und Experten, die sich mit Landwirtschaft und Ernährung auskennen. Dabei bin ich von den unterschiedlichen Erfahrungen und dem Wissen mancher Leute immer wieder überrascht. Was zum Beispiel ein Landwirt alles über seine Tiere weiß, über die Pflanzen auf seinen Wiesen und Feldern und darüber, wie sich die Dinge über die Zeit verändert haben, ist wirklich beeindruckend! So ein Wissen bekommt man, wenn man über viele Jahre gut beobachtet und sich für Zusammenhänge in der Natur interessiert.

Die Auswirkungen des Klimawandels bringen schon jetzt Probleme für die Landwirtschaft – und das wird sich voraussichtlich in Zukunft nicht bessern. Deshalb möchte ich gerne herausfinden, wie man Bäuerinnen und Bauern bestmöglich unterstützen kann – bei dem, was sie gegen den Klimawandel unternehmen können und bei den Umstellungen, die sie wegen des veränderten Klimas auf ihren Bauernhöfen vornehmen müssen. Denn die Veränderungen, mit denen wir es zu tun haben, sind schwerwiegend. So kann eine langanhaltende Dürre dazu führen, dass eine Ernte teilweise oder sogar ganz ausfällt. Andererseits aber trägt die Landwirtschaft selbst zum Klimawandel bei. Durch die Düngung des Bodens und durch die Tierhaltung werden Treibhausgase freigesetzt, die ein Grund sind für die Erderwärmung. Das bedeutet auch, dass es dem Klima hilft, wenn wir alle weniger Fleisch essen oder wenn wir Bioprodukte kaufen.

»Manches weiß man schon, anderes muss noch erforscht werden«

Was man unternehmen kann, hängt davon ab, welchen Betrieb jemand hat, ob es zum Beispiel ein Milchviehbetrieb oder ein Schweinemastbetrieb ist. Und natürlich ist auch die Lage eines Hofes entscheidend, in den Bergen müssen andere Dinge verändert werden als irgendwo im Flachland. Während man einiges schon weiß, müssen viele andere Maßnahmen noch erforscht und erprobt werden. Und selbst wenn man weiß, dass eine Maßnahme gut funktioniert, ist nicht sicher, dass sie auch wirklich angewendet wird. Manche Menschen fühlen sich verantwortlich für das, was mit der Umwelt passiert und sind sehr offen für Vorschläge, wie man etwas verändern kann. Anderen fällt das schwerer und sie sind unsicher, wie sie sich verhalten sollen.

Weil wir nicht in die Zukunft schauen können, berechnen wir mit Modellen mögliche Veränderungen durch den Klimawandel. Manchmal passieren aber Dinge, mit denen man gar nicht gerechnet hat. Ich bin deshalb sehr gespannt, wie wir in 20 oder 30 Jahren auf unsere jetzige Forschung zurückschauen, ob tatsächlich alles so geworden ist, wie die Modellergebnisse es zeigen. Und was die Gründe sind, falls es anders kommt. Ich bin sehr dankbar dafür, dass ich mit meiner Forschung Dingen auf den Grund gehen kann, die mich persönlich interessieren und die für viele Menschen wichtig sind. Und ich freue mich, dass ich durch den Austausch mit meinen Kolleginnen und Kollegen immer wieder auf neue Ideen komme. Ab und zu helfe ich meinen Gedanken auch einfach selbst auf die Sprünge: Im Büro habe ich immer eine Turnmatte liegen, um ab und zu Kopfstand zu üben – die Welt aus einer anderen Perspektive zu betrachten, kann nämlich sehr hilfreich sein.

UMWELTSOZIOLOGIE

Wie geht eine Gesellschaft mit Umweltproblemen um? Das erforschen Umweltsoziolog*innen und beschäftigen sich mit der Frage, wie Menschen natürliche Ressourcen wahrnehmen und nutzen und welche Folgen das hat.

Miriam Akkermann

MIT DER GESELLSCHAFT VERÄNDERT SICH AUCH DIE MUSIK

Warum ein und dasselbe Musikstück über die Zeit hinweg nicht immer ganz genau gleich klingt, wenn es gespielt wird, untersucht die Musikwissenschaftlerin Miriam Akkermann

Die meisten Menschen haben Musik, die sie besonders gerne hören. Viele aber hören meistens einfach irgendetwas: was bei der Arbeit im Radio gerade gespielt wird, was im Supermarkt gedudelt wird oder in einem kurzen Filmclip auf TikTok oder Instagram – sicher kennst du das auch. In einem Konzert ist das anders: Da gilt die ganze Aufmerksamkeit der Musik. Und Miriam Akkermann hört besonders gut hin.

Musik ist nicht einfach nur Unterhaltung. Musik ist auch Teil einer Kultur. Damit meine ich, dass in einer Musik sehr oft drinsteckt, welche Regeln und Gewohnheiten eine Gesellschaft hat und was Menschen zu einer bestimmten Zeit gut finden und was nicht. Wenn man sich also (so wie ich) mit Musik beschäftigt und sie analysiert, dann muss man sich immer auch fragen, in welcher Zeit ein Musikstück entstanden ist und an welchem Ort, was zu dieser Zeit allgemein gemacht wurde und wie bestimmte Dinge in einem Musikstück wohl gedacht waren.

Weil sich die Gesellschaft andauernd verändert, verändert sich auch die Musik. Das finde ich sehr interessant. Wieso spielen Menschen ein Musikstück zu einer bestimmten Zeit so und nicht anders? Wer sagt denn, wie ein bestimmtes

Stück gespielt werden soll? Gibt es irgendwo eine Vorgabe dafür?

»Digitale Technologien sind spannend, funktionieren aber schnell nicht mehr«

Ich schaue mir für meine Forschung also an, wie Menschen Musik machen. Dabei interessieren mich ganz besonders die elektrischen und digitalen Musikinstrumente. Zum Beispiel, wie Menschen Computer zum Musikmachen benutzen. Es kommen ja zu den Instrumenten, die alle schon kennen, ständig neue, digitale Musikinstrumente dazu, die ganz anders funktionieren. Sie brauchen Strom und man kann teilweise auch schon auf dem Instrument selbst etwas speichern und wieder abspielen. Die Technologien, die es da gibt, sind ziemlich spannend und bieten viele tolle neue Klänge. Zum Teil kann man die sogar selbst programmieren. Leider funktionieren sie aber auch schnell nicht mehr. Deshalb will ich herausfinden, wie Musikstücke, in denen digitale Technologien eingesetzt wurden, so aufbewahrt werden können, dass man sie auch dann noch live spielen kann, wenn die Technologien irgendwann kaputtgegangen sind – und zwar nicht nur als Aufnahme einer früheren Aufführung. Bei einem akustischen Instrument wie einer Flöte oder einem Klavier stellen sich solche Fragen selten: Die können praktisch immer gespielt werden.

Mit digitalen Instrumenten ist das anders. Man kann sich immer früher schon fragen, wie sie funktionieren und auf welche Weise man das Wissen darüber aufbewahrt. Mein wichtigstes Arbeitsgerät ist übrigens ebenfalls digital: Es ist mein Computer. Da lese und schreibe ich und höre und sehe viel Musik und musikalische Aufführungen an. Aber auch Bücher sind wichtig, ansonsten nutzen wir in der Forschung noch Aufnahmegeräte, Mikrophone, Kameras und natürlich viele Lautsprecher oder Kopfhörer.

»Es gab Menschen, die sehr an mein Talent geglaubt haben«

Es macht mir Spaß, beim Musikhören kleine Details herauszufinden, beispielsweise welches Instrument genau verwendet wurde oder auf welche Weise ein bestimmter Klang zustande kommt. Wenn ich arbeite, sitze ich also viel am Schreibtisch oder in der Bibliothek, ich bin oft im Tonstudio und manchmal auch unterwegs, um mir Aufführungen anzuhören oder selber Tonaufnahmen zu machen. Was heute mein Beruf ist, war schon mein Hobby, als ich noch ein Kind war. Ich habe Querflöte gespielt, ich habe im Chor gesungen, ich war im Orchester und in einer Big Band. Außerdem war mir Sport sehr wichtig, unter anderem bin ich sehr viel Rad gefahren. Dadurch bin ich ziemlich herumgekommen: zu Konzertreisen und Orchesterreisen, aber auch zu Sport-Workshops an den Wochenenden. Mein Bewegungsradius war also auch ohne meine Eltern ziemlich groß und ich hatte schon früh viele Freiheiten.

Spätestens ab der Zeit auf dem Gymnasium waren meine engsten Freundinnen und Freunde alle Musikerinnen und Musiker. Wir haben uns bei ganz normalen Treffen in der Freizeit gesehen und zusätzlich in den Orchestern. Dazu gab es Menschen, die sehr an mein Talent geglaubt haben: Der Nachbar meiner Eltern war Dirigent, er hat mich an die Musik herangeführt, als ich noch ziemlich klein war. Er hat meinen Eltern empfohlen, mich zu fördern. Das haben die auch gemacht, genauso wie meine Flötenlehrer*innen. Ich habe Querflöte studiert und nach dem Flötenstudium einen Master in Musiktechnologie gemacht. Anschließend bin ich in die Musikwissenschaft gegangen und habe noch ganz andere Dinge gelernt, die mich alle sehr interessieren. Heute bin ich froh, dass ich neben meiner Arbeit als Wissenschaftlerin manchmal noch als Musikerin arbeiten kann.

MUSIKTECHNOLOGIE

In der Musiktechnologie geht es um Grundlagen der Tontechnik und wie man sie anwendet: wie man Musik aufnimmt und wie man die Aufnahme technisch bearbeiten, speichern und wieder abspielen kann.

Pascal Langenbach

DAS ZUSAMMENLEBEN REGELN

Wie Gesetze sein müssen, damit sie auch befolgt werden, untersucht der Rechtswissenschaftler Pascal Langenbach

Wenn Menschen zusammenleben, geben sie sich für ihr Zusammenleben Regeln. Es wird festgelegt, was man darf und was man nicht darf – und was passiert, wenn jemand die Regeln bricht. Einige dieser Regeln nennt man Gesetze und tatsächlich werden nicht alle Gesetze von Menschen gleich eingehalten. Woran das liegt und was man an Gesetzen ändern könnte, damit es mit dem Zusammenleben noch besser klappt, untersucht Pascal Langenbach.

Meine Eltern haben mich schon früh sehr ernst genommen. Mit einer Engelsgeduld haben sie mir alles erklärt und viel mit mir diskutiert, als ich etwas älter war. Und sie sagen, es war eine Erleichterung, als ich endlich selbst lesen konnte. Denn ich wollte immer alles wissen und ich habe viele Dinge ausprobiert. Meine gesamte Kindheit und Jugend war ich mit vielen Sachen beschäftigt und ich habe mich in verschiedenen Bereichen engagiert – sei es im Sportverein, in Arbeitsgemeinschaften in der Schule, in der Schülervertretung oder in der Jugendarbeit. Mir hat das alles immer gut gefallen. Und ich habe ziemlich viele Sachen angefangen und nur selten mit etwas wieder aufgehört.

Da ich mich für vieles interessiert habe, ist es vielleicht nicht überraschend, dass ich im Laufe der Zeit ganz verschiedene Berufe ergreifen wollte. Längere Zeit wollte ich Förster werden, weil ich es geliebt habe, in den Ferien mit meinem Opa durch den Wald zu laufen. Lange aber auch Lehrer und später auch einmal Richter. Als Jugendlicher habe ich mir dann irgendwann eingestanden, dass ich einfach nicht weiß, was ich werden will. Und dazu passt das Studium der Rechtswissenschaft recht gut. Es ist zwar auch eine Vorbereitung auf bestimmte Berufe wie Anwält*in, Notar*in oder eben Richter*in, man kann aber auch in vielen anderen Bereichen damit arbeiten. Und ich bin nun in Forschung und Lehre gelandet.

»Wie reagieren Menschen auf Gesetze?«

Lernen war mir immer wichtig. Ich habe die Schule ernst genommen und bin eigentlich immer gern hingegangen. Einmal habe ich für eine längere Hausarbeit mehrere Wochen im Archiv des Heimatvereins verbracht, um dort alte Zeitungen zu lesen. Das war viel mehr Aufwand, als man sich eigentlich hätte machen müssen. Aber für mich war es eine gute Gelegenheit, historische Forschung im Archiv einmal kennenzulernen. In der Oberstufe habe ich außerdem eine Zeit lang über den Pflichtunterricht hinaus noch zusätzliche Kurse besucht – so einer war ich. Und das ging auch später während des Studiums so weiter. Ich mag es immer noch, mich mit den Gedanken und Erkenntnissen anderer Menschen auseinanderzusetzen und dabei ab und an

auch auf eigene Ideen zu kommen. Dazu ist der Beruf als Wissenschaftler natürlich ideal. Ich lerne ständig dazu, sei es durch Vorträge oder in Diskussionen, und hauptsächlich natürlich dadurch, dass ich die Texte anderer lese. Und dann versuche ich aus dem, was ich gelernt habe, etwas Eigenes zu machen, womit ich mich wieder an der Diskussion beteiligen kann.

Mit meiner Forschung möchte ich dazu beitragen, dass wir besser verstehen, wie Menschen auf Regeln reagieren. Was denken sie über bestimmte Gesetze? Wie verhalten sie sich? Und wie würden sie sich verhalten, wenn es andere Regeln geben würde? Es geht also eigentlich darum, wie wir unser Zusammenleben mit Regeln organisieren und was man dabei eventuell noch besser machen könnte – welche Möglichkeiten es zum Beispiel gibt, das menschliche Verhalten auch ohne Verbote oder ohne Strafen zu beeinflussen.

»Wie sollen wir unsere Gesetze gestalten?«

Besonders beschäftige ich mich gerade damit, wie man Regeln so gestalten könnte, dass sie berücksichtigen, dass Menschen in vielerlei Hinsicht sehr unterschiedlich sind und deshalb auch auf Regeln sehr unterschiedlich reagieren können. Weil ich mich für das Verhalten von Menschen interessiere, lese ich nicht nur oder denke nach, sondern ich beobachte auch selbst, wie sich Menschen wirklich verhalten. Denn in meiner Arbeit vermischt sich Rechtswissenschaft mit Empirie, also mit dem Wissen, das man systematisch aus Erfahrung oder aus Beobachtung gewinnt. Das ist für die Rechtswissenschaft gar nicht so typisch. Bei mir sieht das häufig so aus, dass ich mir Experimente mit kleinen Entscheidungsspielen ausdenke. Dazu lade ich dann Menschen ein. Den Menschen, die bei dem Experiment mitmachen, gebe ich Geld. Und die müssen dieses Geld dann in dem Experiment einsetzen. Je nachdem, wie sie es einsetzen, können sie noch mehr Geld verdienen oder auch Geld verlieren. Das schaue ich mir an und versuche mir eine Vorstellung zu machen, wie die Menschen sich verhalten würden, wenn die Spielregeln im Experiment echte Gesetze wären und in der »echten Welt« gelten würden. Diese Experimente sollen mir also letztlich dabei helfen, die Frage zu beantworten, wie wir als Gesellschaft unsere Regeln, also unsere Gesetze gestalten sollten.

Meine Arbeit mache ich wirklich gern. Ich kann eigene Ideen entwickeln, bin gedanklich immer im Austausch mit anderen Wissenschaftlern und Wissenschaftlerinnen und ich kann mich mit vielen verschiedenen Themen beschäftigen, die für unser Zusammenleben wichtig sind. Das macht mir viel Spaß. Ich hoffe sehr, dass ich das für immer weitermachen kann.

RECHTSWISSENSCHAFT

In der Rechtswissenschaft dreht sich alles um Recht und Gesetz – und darum, wie Rechte und Gesetze auf das angewendet werden, was im Leben so alles passiert.

René Orth

WAS PFLANZEN MIT DEM KLIMA MACHEN

Warum sich ein heißer Sommertag im Wald anders anfühlt als in der Stadt, weiß der Klimawissenschaftler René Orth

Viele Menschen mögen Pflanzen. Du auch? Zugegeben, um Zimmerpflanzen muss man sich ein bisschen kümmern. Sie brauchen Wasser und ab und zu sollte man die Blätter abstauben. Dafür sieht ein Zuhause oder ein Büro mit gesunden Pflanzen meistens schöner aus und es macht Spaß, ihnen beim Wachsen zuzusehen. Aber wusstest du, dass Pflanzen auch einen Einfluss auf das Wetter haben? René Orth hat sich als Kind fast nur für Fußball, als Jugendlicher dann auch für Physik und Mathematik interessiert. Jetzt kennt er sich mit Pflanzen und Wetter aus.

Früher bin ich jeden Tag zum Fußballplatz gegangen. Wenn keiner dort war, bin ich zu meinen Freunden nach Hause gegangen und habe gefragt, ob sie rauskommen – Fußballspielen hat mein Leben ziemlich dominiert. In der sechsten Klasse ist dann etwas passiert, das mir zu denken gegeben hat: Meine Klassenlehrerin hat unter mein Zeugnis geschrieben, dass ich deutlich bessere Noten haben könnte. Ich müsste mich aber in der Schule mehr konzentrieren und mir zu Hause mehr Zeit für die Schule nehmen! Genau so habe ich es dann gemacht und tatsächlich hat sich mein Zeugnis sehr verbessert.

Meine Eltern, Lehrer und Lehrerinnen haben gesehen, dass ich mich für Mathematik und Naturwissenschaften interessiere, also durfte ich bei der Matheolympiade und bei der Physikolympiade mitmachen. Außerdem hat mich mein Papa an einem Spezialgymnasium in Jena angemeldet, an dem ich mehr mathematischen und naturwissenschaftlichen Unterricht hatte. Für mein Studium später war das eine gute Grundlage. Mit Fremdsprachen konnte ich in der Schule allerdings gar nichts anfangen. Englisch und Russisch – wozu sollte das gut sein? Alle Leute um mich herum sprachen doch Deutsch! Aus heutiger Sicht ist es ziemlich lustig, dass ich so etwas einmal gedacht habe, weil ich in meinem Alltag als Forscher mehr Englisch als Deutsch spreche. In unserem Institut ist das nämlich die vorherrschende Sprache und ich forsche zusammen mit Leuten aus vielen verschiedenen Ländern.

»Mit mehr Bäumen halten wir die Hitze besser aus«

In meiner Forschungsarbeit schaue ich mir an, wie das Wasser im Boden und in den Pflanzen unser Wetter und unser Klima beeinflusst. Ein heißer Sommertag fühlt sich in der Stadt zum Beispiel ganz anders an als im Wald. Dort kann es auch an einem sehr warmen Tag angenehm und frisch sein, weil Bäume ihre Umgebung durch Verdunstung kühlen. Steht man am selben Tag aber in der Stadt auf einem betonierten Parkplatz, dann brennt dort die Sonne und heizt den Beton auf. Und weil um den Parkplatz herum wahrscheinlich Häuser stehen, kann die Hitze nirgendwohin. Deshalb wird es in der Stadt ziemlich heiß. Dass Pflanzen und Böden die Wetterbedingungen beeinflussen können, steht also fest. Jetzt möchte ich noch genauer herausfinden, wie wir mit Pflanzen die Auswirkungen des Klimawandels abmildern können. Denn Verdunstung macht nicht nur eine angenehme Kühle, sondern führt auch zu mehr Niederschlag. Wenn wir unsere Städte grüner machen und mehr Bäume pflanzen, halten wir es bei Hitze dort besser aus und tun zugleich etwas für das Klima.

In der Wissenschaft gibt es viel mehr zu tun, als man in der Schule oder im Studium denkt – dort wird einem ja vor allem das präsentiert, was die Wissenschaft schon gut verstanden hat. Erst, wenn man selbst forscht, merkt man, dass es andere Dinge gibt, die man eben noch nicht so richtig versteht und an denen man noch arbeiten muss. Das betrifft auch die Computermodelle, mit denen wir den Klimawandel simulieren. Im Großen und Ganzen können wir ihnen vertrauen, wenn sie angeben, um wie viel Grad sich die Erde in den kommenden Jahren erwärmen wird, wenn wir weiter so viele Treibhausgase ausstoßen – oder endlich weniger. Wenn wir aber ganz präzise vorhersagen wollen, wie der Klimawandel in einem Gebiet wie Mitteleuropa ausfallen wird, dann müssen wir herausfinden, wo in diesem Gebiet Wald ist, wo Felder sind und wo sich Städte befinden. Wir müssen angeben, welche Baumarten dort wachsen, was auf den Feldern angebaut wird und wie der Wald reagiert, wenn es weniger Regen gibt oder wenn sich die CO_2-Konzentration ändert. Mit diesem Wissen werden die Vorhersagen noch sehr viel genauer.

Für meine Forschung messe ich aber nichts selbst, das machen andere Arbeitsgruppen in unserem Institut. Meine Arbeitsgruppe benutzt deren Daten und wertet sie aus. Außerdem verwenden wir Daten von Satelliten und natürlich auch von Forschungsgruppen außerhalb unseres Instituts. Insgesamt sind die Bedingungen für meine Forschung sehr gut: Unsere Computer sind gut, auch der Supercomputer, von dem wir unsere Klimamodelle ausrechnen lassen. Wir haben eine gute Datenlage, wir haben gute Verbindungen mit anderen Forscherinnen und Forschern, wir können uns über unsere Erfahrungen austauschen. Ich habe eigentlich nur ein einziges Problem: Weil mir meine Forschung so viel Spaß macht, würde ich gerne ganz viel Zeit damit verbringen. Es gibt aber auch noch andere wichtige Dinge im Leben und wichtige Menschen. Also muss ich eine Balance finden.

KLIMAWISSENSCHAFTEN

Die Klimawissenschaften verbinden Wissen aus vielen verschiedenen naturwissenschaftlichen Gebieten. Forschende beobachten Temperatur, Niederschlag, Wind, Strahlung und andere Variablen, mit denen man zum Beispiel Wetter und Klima beschreiben kann.

Philipp Kanske

WISSEN, WIE ES DEN LEUTEN GEHT

Was im Gehirn passiert, wenn Menschen mit Menschen zusammen sind, beobachtet der Psychologe und Neurowissenschaftler Philipp Kanske

Ach, könnte man doch durch ein Fenster die Gedanken anderer Leute beobachten! Dann wüsste man, was in ihnen vorgeht. Denn menschliches Verhalten ist manchmal rätselhaft und ab und zu verstehst du vielleicht nicht einmal dich selbst – warum du dich in einer bestimmten Situation auf eine bestimmte Art verhalten hast, wieso dir manche Situationen leichtfallen und andere schwer. Philipp Kanske nutzt zwar auch kein Fenster, dafür aber ein anderes Gerät, das ihm Aufschluss gibt über Gedanken und Gefühle.

Meine Kindheit war voller Unternehmungen – Buden bauen, klettern, wandern. Außerdem habe ich mich mit meinen Geschwistern sehr verbunden gefühlt und mit unseren Freundinnen und Freunden. Es gab viel Geborgenheit in meiner Familie, das war schön für mich. Nicht so schön waren meine ersten Jahre in der Schule, da war ich eher Außenseiter. Zu dieser Zeit gab es noch die DDR und eine politische Kinder- und Jugendorganisation, die sogenannten Pioniere. Alle Kinder in meiner Klasse haben dort mitgemacht, nur ich nicht. Noch während meiner Grundschulzeit aber kam die Wende und plötzlich gab es die DDR nicht mehr. Und so nach und nach habe ich auch in der Schule Freunde gefunden.

Schon immer habe ich mich sehr für Menschen interessiert und ich stelle gerne Fragen: Was wäre, wenn dies und das passieren würde? Wie würdest du dich in diesem und jenem Fall verhalten? Ich mochte deshalb Geschichte ganz gern und habe mich früher viel mit dem alten Ägypten beschäftigt. Mir vorzustellen, was Menschen vor Tausenden von Jahren gemacht haben, was sie gefühlt haben, was sie gedacht haben – das hat mich fasziniert! Am liebsten wäre ich in die Vergangenheit gereist. Weil das nicht geht, wollte ich wenigstens mit den Dingen, die aus dieser Zeit erhalten sind, die Menschen von damals verstehen. Diesen Wissensdurst habe ich von meiner Großmutter geerbt. Sie hatte Geographie und Biologie studiert und ich habe mich viel mit ihr unterhalten. Jedes Mal, wenn im Gespräch eine Frage aufkam, die niemand beantworten konnte, sprang sie auf und hat in ihrem Lexikon nachgeschaut. Das hat mich sicher geprägt.

Mein heutiger Beruf hat nun auch viel mit Menschen zu tun, und mit menschlichem Verhalten: Ich bin Psychologe. Mein erstes Spezialgebiet sind die sozialen Neurowissenschaften, also die Frage, wie das Gehirn funktioniert, warum wir Dinge auf eine bestimmte Art erleben und wie wir mit anderen Menschen gut zurechtkommen. Was macht das Gehirn dabei? Welche Probleme gibt es, wenn Menschen miteinander umgehen? Und wie können wir diese Probleme lösen? Mein zweites Spezialgebiet ist die Psychotherapie. Als Psychotherapeut rede ich mit den Leuten, die zu mir kommen, und wir machen gemeinsam Übungen, damit sie sich bestimmte Dinge zutrauen und ihre Schwierigkeiten überwinden. In diese Arbeit fließen die Erkenntnisse aus den Neurowissenschaften ein. Denn ich glaube, dass wir Menschen besser helfen können, wenn wir unser Gehirn besser verstehen.

»Wir können uns stärker verändern, als wir glauben«

Allerdings sind Gehirne sehr komplexe Gebilde mit knapp 100 Milliarden Nervenzellen, die wiederum Tausende Verbindungen mit anderen Nervenzellen haben. Es ist also gar nicht so ganz sicher, ob mein Gehirn überhaupt verstehen kann, wie ein Gehirn funktioniert. Aber ich nehme eben an, dass es geht. Eine wichtige Erkenntnis aus meiner Arbeit ist, dass wir alle uns viel stärker verändern können, als wir glauben. Und dass man sich für Veränderungen Hilfe holen kann. Es ist gar nichts Schlechtes, sondern im Gegenteil sogar ziemlich mutig, wenn man sich traut, über Probleme zu sprechen, und wenn man versucht, etwas an sich zu verändern. Ich würde mir wünschen, dass mehr Menschen lernen, wie wir mit unseren Gefühlen umgehen und wie wir anderen Menschen begegnen können.

»Wir beobachten die Aktivität des Gehirns«

Viele wissen darüber nämlich gar nicht so gut Bescheid – kein Wunder, wir erfahren in der Schule ja auch kaum etwas darüber. Um das Gehirn zu untersuchen, nutze ich die Kernspintomographie. Die wird von großen Apparaturen gemacht, die mit einem sehr starken Magnetfeld die Aktivität des Gehirns abbilden. Deshalb findet mein Forschungsalltag zum großen Teil im Labor statt, dort steht in einem abgeschirmten Raum so ein Gerät. In diesem Raum besprechen wir mit den Personen, die wir untersuchen, was wir machen und wie alles abläuft. Dann legen sich die Leute in das Gerät hinein und bekommen bestimmte Aufgaben, vielleicht ein Video anzuschauen oder Aufmerksamkeitsübungen zu machen. Währenddessen läuft der Kernspintomograph und wir beobachten die Aktivität des Gehirns. Es gibt aber auch Forschung, die ohne große Geräte auskommt und für die man nicht ins Labor kommen muss. Das funktioniert dann über eine App. Wer an einer Studie teilnimmt, kann sie auf seinem Smartphone installieren und bekommt über den Tag verteilt immer wieder Fragen: Wie geht es dir gerade? Bist du allein? Bist du mit jemanden zusammen? Die Antworten schauen wir uns an und bekommen so einen Eindruck davon, wie es den Leuten in ihrem ganz normalen Alltag geht. Und das möchte ich einfach sehr gerne wissen.

PSYCHOLOGIE

Die Psychologie ist die Wissenschaft vom Erleben und Verhalten von Menschen. Sie liefert unter anderem wichtige Grundlagen für die Neurowissenschaft.

Kai Siedenburg

VERSTEHEN, WIE WIR HÖREN

Auf welche Weise das Gehirn verarbeitet, was im Ohr ankommt, untersucht der Musikwissenschaftler Kai Siedenburg

Wenn du Musik hörst, laufen Schallwellen durch den Raum, ganz ähnlich, wie Wellen durchs Meer laufen. Diese Schallwellen kommen auch in deinem Ohr an und das Ohr kann man gut untersuchen. Deshalb weiß man, was passiert, wenn Schallwellen auf das Trommelfell treffen. Wie Musik anschließend im Gehirn verarbeitet wird, ist dagegen noch nicht so ganz geklärt. Daran forscht Kai Siedenburg, der sich mit verschiedenen Arten von Wellen sehr gut auskennt – als Hörforscher und als leidenschaftlicher Surfer.

Die Welt ist voller Geräusche und Klänge. Wir Menschen nehmen sie wahr und verarbeiten sie. Wie das genau funktioniert, ist manchmal ziemlich rätselhaft. Aber wir arbeiten hartnäckig daran, es herauszufinden. Und genau darum geht es in meiner Forschung: zu verstehen, wie normalhörende und hörgeschädigte Menschen musikalischen Klang erleben. Dafür habe ich erst Mathematik und Musik studiert und mich damit befasst, wie unsere Ohren Schallwellen in der Luft zu Nervenimpulsen verarbeiten, die wir dann als Musik erleben. Jetzt erforsche ich, wie musikalische Klangfarben wahrgenommen werden – einfach ausgedrückt ist die Klangfarbe das, was den gespielten Ton einer Klarinette vom gespielten Ton einer Flöte unterscheidet oder den Ton einer Gitarre von dem eines Klaviers. Für den Charakter eines Klanges, also dafür, ob etwas vielleicht fröhlich oder eher düster klingt, ist die Klangfarbe ganz entscheidend. Ich möchte ganz genau verstehen, wie wir Klänge hören und warum manche Töne hell klingen und andere dunkel. Es interessiert mich, ob Stimmen anders gehört werden als Musikinstrumente. Und wie viel eigentlich ältere Menschen noch hören, die nicht mehr so gute Ohren haben wie junge Leute. Dafür erzeuge ich Klänge auf dem Computer. Diese Klänge spiele ich Menschen vor und stelle ihnen Fragen dazu. Zum Beispiel möchte ich von ihnen wissen, ob sie in dem, was ich vorspiele, ein Instrument hören oder zwei. Ob ein Ton für sie hell oder dunkel klingt. Ich möchte eine genaue Vorstellung davon bekommen, was und wie wir Menschen hören.

Diese Arbeit findet normalerweise in Akustiklaboren statt, in denen man nicht gestört wird – unsere Hörerinnen und Hörer sollen nicht durch Autolärm, Vogelgezwitscher oder Gespräche abgelenkt werden. Über Lautsprecher oder Kopfhörer spielen wir dort unsere Klänge ab. Besonders sind wir daran interessiert, was Menschen mit Hörschädigung von der Musik wahrnehmen. Deswegen laden wir speziell solche Menschen oft zu uns ins Labor ein, wo sie unsere Versuche mit und ohne Hörgeräte durchführen. Aber es ist natürlich auch wichtig für uns, Menschen ohne Hörschäden zu

testen. Meistens dauern unsere Experimente länger als eine Stunde, so dass manche Teilnehmende am Ende auch ein bisschen erschöpft sind, nachdem sie so lange so genau hingehört haben. Wenn Musikerinnen oder Musiker an unseren Experimenten teilnehmen, sind sie meistens besonders ehrgeizig und wollen jeden noch so leisen Ton richtig heraushören.

»Stimmen werden oft besser gehört als Instrumente«

Es wäre schön, wenn es mir mit dieser Forschung gelingen könnte, Menschen mit Höreinschränkungen zu einem besseren Musikgenuss zu verhelfen. Zu meiner Überraschung ist es nämlich so, dass Hörgeräte offenbar noch keinen großen Vorteil für das Hören von Musik bedeuten. Sie wurden lange Zeit nur für Sprache entwickelt. Wie Musik damit klang, war nicht wichtig. Das beginnt sich langsam zu ändern. Gerne würde ich herausfinden, wie man Hörgeräte speziell für Musik programmieren kann, das ist ein wichtiges Ziel meiner Arbeit.

Aufgewachsen bin ich mit meinen Eltern und zwei älteren Brüdern in Norddeutschland. Wir waren viel segeln und windsurfen am See –

Windsurfen macht wirklich total viel Spaß! Als Kind habe ich gern kleine Mini-Windsurfer gebastelt und lange Zeit gedacht, dass ich Shaper werden würde – so nennt man die Leute, die Surfbretter bauen und dafür einen großen Block Styropor in die richtige Form »shapen«. Außerdem habe ich alle möglichen Windsurfzeitschriften praktisch auswendig gelernt.

Zur Musik kam ich mit ungefähr zehn Jahren, als ich mit Klavierspielen angefangen habe. Später habe ich den Lehrer gewechselt und mich mit dem neuen Klavierlehrer total gut verstanden. Ich habe mit ihm nicht mehr nur Klassik, sondern auch Jazz und Pop gespielt. Von da an habe ich total gern Musik gemacht, ich habe Klavier und Bass in verschiedenen Bands gespielt und das hat mich sehr geprägt. Zugleich fand ich in der Oberstufe Mathematik ziemlich interessant.

»Man kann Mathe mit Musik verbinden«

Lange konnte ich mich nicht entscheiden, ob ich Mathe oder Musik studieren soll, mir lag einfach beides. Im Studium habe ich dann entdeckt, wie man die Fächer verbinden kann. Und es gab noch ein Entscheidungsproblem, das immer an stürmischen Freitagnachmittagen aufkam: Soll ich zur Bandprobe mit Freunden gehen oder lieber zum Windsurfen mit meinen Brüdern? Schallwellen oder Wasserwellen? Und ehrlich gesagt vermischt sich in meinem Leben beides noch immer – manchmal schaue ich bei meiner Arbeit ein Surfvideo an, natürlich in der Pause und wirklich nur ab und zu.

MUSIKWISSENSCHAFT

Musikwissenschaftler*innen erforschen Musik und das Musizieren – wie Musik entsteht, welche Erscheinungsformen es gibt und auch wie Musik wahrgenommen wird und wie sie wirkt.

Astrid Eichhorn

ANTWORTEN AUF FUNDAMENTALE FRAGEN

Wie man Mathematik als Sprache nutzen und welche Rätsel man damit lösen kann, weiß die Physikerin Astrid Eichhorn

Mal angenommen, du schneidest ein Blatt Papier in immer kleinere Stücke, bis du viele, viele Papierfitzelchen bekommst. Auch diese Fitzelchen können weiter zerteilt werden, nicht mit Schere oder Skalpell, aber mit speziellem Werkzeug wäre es möglich. Irgendwann jedoch ist Schluss. Dann hat man so unglaublich winzige Teile, dass sie nicht weiter teilbar sind. Diese Teile nennt man Elementarteile. Sie sind die kleinsten Teile der Welt und Astrid Eichhorn kennt sie gut.

Naturwissenschaften lagen mir lange Zeit nicht so besonders. Ich habe mich für ganz andere Dinge interessiert: Ich habe Geige gespielt und mochte in der Schule Sprachen gern – in meiner Familie haben wir sowohl Deutsch als auch Polnisch gesprochen. In der elften Klasse hatte ich dann aber einen fantastischen Lehrer, der uns gezeigt hat, dass Mathematik und Physik nichts mit Auswendiglernen von Formeln zu tun haben. Sondern damit, dass man Dinge versteht. Ich habe gelernt, dass Physik erlaubt, fundamentale Fragen über unsere Welt zu stellen: Woraus besteht das Universum? Wie funktionieren die Dinge? Wir wissen zum Beispiel, dass alles auf unserer Erde aus Elementarteilchen besteht – und alles im Weltall auch! Das ist ein bisschen wie mit Legosteinen: Aus wenigen Sorten kann man völlig verschiedene Dinge bauen. Und so sind aus nur ein paar Sorten von Elementarteilchen Menschen, Tiere, Pflanzen, Steine und auch Planeten zusammengesetzt. Diese Teilchen sind so winzig, dass wir sie mit unseren Augen nicht erkennen können – auch nicht mit einem Mikroskop! Eigentlich wissen wir schon ziemlich viel über diese Elementarteilchen. Aber auf zwei Fragen haben wir noch keine Antwort: Erstens wissen wir nicht, ob es vielleicht doch noch kleinere Bausteine gibt, aus denen Elementarteilchen bestehen. Zweitens ist noch unbekannt, wie die Schwerkraft auf Elementarteilchen wirkt. Was die Schwerkraft mit Planeten, Sternen oder Gegenständen macht, ist klar: Sie bewirkt, dass die Erde diese Dinge anzieht, so dass ein Ball hinunterfällt, wenn man ihn loslässt. Aber gilt das auch für Elementarteilchen?

»Ein großes Rätsel, das ich gerne lösen möchte«

Wir verstehen also noch nicht so ganz genau, was die kleinsten Bausteine der Welt wirklich sind und wie sie sich verhalten. Um darüber mehr herauszufinden, nutze ich Mathematik als Sprache. Man kann sich mathematische Gleichungen vorstellen wie die Sätze in einem Buch: Man kann damit zum Beispiel erklären, was passiert, wenn zwei Elementarteilchen sich begegnen. Wenn ich nachdenke, schreibe ich deshalb oft Gleichungen an eine Tafel.

Es gibt in meiner Forschung ein großes Rätsel, das ich gerne lösen möchte. Dafür muss man zwei Dinge wissen. Erstens, dass man Schwerkraft als eine Krümmung von Raum und Zeit sehen kann. Wenn ich wissen will, wie Schwerkraft auf Elementarteilchen wirkt, dann versuche ich zu verstehen, wie Elementarteilchen Raum und Zeit krümmen. Das mit der Krümmung von Raum und Zeit bedeutet, dass Zeit verschieden schnell vergeht. Wenn ein schweres Objekt (etwa ein Stern) die Zeit krümmt, dann vergeht sie langsamer. Außerdem krümmt das Objekt den Raum wie ein schwerer Stein, der auf eine Matratze gelegt wird. Dort entsteht dann eine Kuhle, eine Krümmung. Würde man eine Kugel auf die Matratze legen, würde sie auf den Stein zurollen. Genauso fällt ein Asteroid, der in die Nähe eines Sterns gelangt, auf diesen Stern zu, weil der Stern den Raum krümmt – das ist die Schwerkraft. Zweitens gehorchen Elementarteilchen den Gesetzen der Quantenphysik. Das bedeutet, dass sie Eigenschaften haben, die uns merkwürdig vorkommen, weil Objekte in unserem Alltag sich nicht so verhalten.

»Wie gehorchen Raum und Zeit der Quantenphysik?«

Zum Beispiel sind Elementarteilchen normalerweise über mehrere Orte verteilt, sie sind gleichzeitig hier – und woanders. Das Rätsel, vor dem ich stehe, sieht so aus: Wenn ein Elementarteilchen Raum und Zeit krümmt, aber nicht nur an einem einzelnen Ort ist, sondern verteilt über mehrere Orte – was passiert dann mit der Krümmung von Raum und Zeit? Für die Lösung müssten wir wissen, wie Raum und Zeit der Quantenphysik gehorchen. Und das ist bis jetzt noch nicht der Fall. Sicher fragen sich manche, was man mit dieser Forschung überhaupt anfangen kann. Ich denke, dass wir das noch herausfinden werden. Es ist in der Geschichte der Physik schon mehrmals vorgekommen, dass man nicht genau wusste, ob aus einer bestimmten Forschungsrichtung etwas Praktisches herauskommen würde. Und dann haben sich wichtige Erfindungen daraus entwickelt. Zum Beispiel basiert die moderne Elektronik, die wir in Laptops oder Smartphones eingebaut haben, auf Erkenntnissen der Quantenphysik. Als die Quantenphysik in den 1920er Jahren entdeckt wurde, dachte niemand, dass sie einmal praktischen Nutzen haben würde – und schon gar nicht dachte man an Laptops oder Smartphones. Also, wer weiß, welchen Nutzen meine Forschung in Zukunft einmal haben wird?

PHYSIK

Die Physik beantwortet Fragen zu unserer Welt. Wer dieses Fach studiert, lernt deshalb auch, wie man gute Fragen stellt und wie man eine schwere Frage in leichtere Fragen zerlegt, die man Stück für Stück beantworten kann.

Sibylle Baumbach

AUFMERKSAM LESEN

Warum manche Texte fesseln und andere nicht, erforscht die Anglistin Sibylle Baumbach

Du liest gerade ein Buch. Fällt es dir schwer, dich dabei nicht ablenken zu lassen? Was bringt dich dazu, diesen Text weiterzulesen? An welcher Stelle in diesem Buch hast du mit dem Lesen vielleicht schon aufgehört – und warum? Sibylle Baumbach interessiert sich genau für solche Fragen. Denn literarische Aufmerksamkeit ist ihr Spezialgebiet.

Meine Eltern, meine drei Brüder und ich sind in den Sommerferien immer weit gereist: Wir haben Hüttentouren mit Rucksäcken in den österreichischen Alpen gemacht und waren oft in Italien, Griechenland und Großbritannien zelten. Das waren richtige Abenteuerurlaube, die vermutlich den Grundstein dafür gelegt haben, dass ich große Lust am Reisen und an anderen Kulturen habe und schon ganz schön oft umgezogen bin.

Außerdem hat mich mein erstes Auslandsjahr sehr geprägt. In der elften Klasse habe ich die Rossall School in Fleetwood in Großbritannien besucht. Das war ein Sprung ins kalte Wasser! Ich konnte bis dahin nur das Englisch, das ich in der Schule gelernt hatte, und musste mich im strengen Internatsleben zurechtfinden. Es war alles very british und für mich der Beginn meines Interesses an englischer Literatur und Kultur. Die Rückkehr nach Deutschland war nach diesem Jahr schwer: Mir haben die vielen Aktivitäten und die Gemeinschaft gefehlt, die es im Internat gab, und ich konnte das Ende meiner Schulzeit kaum erwarten.

Danach habe ich zuerst ein Semester Jura studiert, dann aber bald zur Anglistik und zur Beschäftigung mit englischer Literatur und Kultur gewechselt. Mich interessiert daran ganz besonders, wie

»literarische Aufmerksamkeit« funktioniert. Damit wir einen Text wirklich lesen, anstatt ihn zur Seite zu legen, muss dieser Text unsere Aufmerksamkeit binden. Wie geht das? Wie muss ein Text sein, damit man ihn liest? Es gibt dafür Techniken, die alle mit unserer Fähigkeit spielen, Aufmerksamkeit auf bestimmte Dinge zu richten. Ein Beispiel sind Situationen am Ende eines Kapitels, die mehr Fragen aufwerfen als Antworten geben, so dass man unbedingt weiterlesen möchte. Solche Techniken untersuche ich.

»Was wir für unwichtig halten, blenden wir aus«

Wir können nicht alle Informationen, die auf uns einwirken, auf die gleiche Weise verarbeiten. Im Gegenteil: Aus vielen unterschiedlichen Sinneseindrücken in einer Situation wählen wir diejenigen aus, die für uns gerade wichtig sind. Was wir für unwichtig halten, blenden wir (unbewusst) aus. Man nennt das »selektive Aufmerksamkeit«. Manche Menschen befürchten, dass die Informationen im digitalen Zeitalter so zahlreich sind, dass wir verlernen, unsere volle Aufmerksamkeit einer einzigen Sache zu schenken. Und manche machen sich Sorgen, dass sich Kinder und Jugendliche kaum noch für längere Zeit konzentrieren können, wenn sie häufig digitale Medien nutzen und dadurch abgelenkt sind.

In diesem Zusammenhang schaue ich mir an, wie die Literatur auf solche Befürchtungen reagiert – und wie sie in vergangenen Epochen auf ähnliche Sorgen reagiert hat. Denn diese Debatten sind nicht neu: Bereits in der Frühen Neuzeit gab es Diskussionen um das Spiel mit der Aufmerksamkeit. Heute ist das Thema auch für die Psychologie und die Erziehungswissenschaften interessant. Wenn wir herausfinden, mit welchen Techniken Texte Aufmerksamkeit erregen, können wir die Aufmerksamkeitsforschung hoffentlich noch weiter vorantreiben.

»Es ist ein schöner Beruf, aber er erfordert viel Einsatz«

An meiner Forschung schätze ich sehr, dass ich mich mit Kolleg*innen aus vielen verschiedenen Ländern austauschen kann. Diese Internationalität ist toll. Ich habe während des Studiums und auch danach in vielen interessanten Städten im Ausland gewohnt und gearbeitet, dort viele Freundschaften geschlossen und eine

Menge erlebt. Allerdings hatte ich auch manchmal Zweifel, ob sich der Weg in die Wissenschaft wirklich lohnt. Es ist ein schöner, vielseitiger Beruf, aber er fordert viel Einsatz, auch in der Freizeit. Als Wissenschaftlerin kann ich nicht freitags um 18 Uhr den Laptop zuklappen und bis zum Montag ruhen lassen – oder vielleicht könnte ich es, ich mache es aber nicht. Denn es gibt immer etwas, das dringend noch getan werden muss. Meine eigene Forschung findet somit oft in den Abendstunden und an Wochenenden statt.

Ich finde wichtig, dass man beim Blick auf die Lebenswege von sich und anderen eine Sache nicht vergisst: Die meisten Menschen haben zwei Lebensläufe – einen Hochglanz-Lebenslauf, den man oft im Internet einsehen kann, und einen Schatten-Lebenslauf, der nirgends erscheint. Der wäre mindestens viermal so lang, wenn man zusätzlich zu den Erfolgen alle Rückschläge und Enttäuschungen dort aufreihen würde: die nicht bewilligten Fördermittel, nicht gewonnene Stipendien, nicht erhaltene Stellen, auf die man sich beworben hatte, und Arbeiten, die man entwickelt, dann aber wieder verworfen hat. Dazu kommen private Rückschläge, die früher oder später alle einmal erleben. Man sollte sich also von den Hochglanz-Lebensläufen anderer nie blenden und nie entmutigen lassen! Oft steht dahinter ein langer Weg mit Zweifeln und Misserfolgen, den man von außen nur nicht zu Gesicht bekommt. Und das gilt sicherlich nicht nur für die Wissenschaft.

ANGLISTIK

In der Anglistik geht es um die Sprache, Literatur und Kultur der Länder, in denen Englisch gesprochen wird. Sich mit englischsprachiger Literatur zu befassen ist ein wichtiger Teil davon.

Viola Priesemann

VON TEILEN AUF DAS GROSSE GANZE SCHLIESSEN

*Welche Erkenntnisse der Physikerin
Viola Priesemann beim
Umgang mit der Pandemie helfen*

In deinem Gehirn ist ganz schön was los: Es arbeiten darin zehnmal so viele Neuronen, wie es Menschen auf der Erde gibt, nämlich 80 Milliarden. Diese Neuronen arbeiten eng zusammen und geben Informationen weiter. Viola Priesemann beschäftigt sich damit, wie das genau funktioniert. Und sie nutzt ihre Forschung neuerdings in einem Zusammenhang, der die ganze Gesellschaft seit einiger Zeit besonders beschäftigt.

Ich erforsche, wie das Gehirn arbeitet. Wir gehen davon aus, dass unser Denken das Zusammenspiel von Neuronen ist: Wenn ein Neuron aktiv ist, kann es sich mit anderen Neuronen verbinden und die ebenfalls aktivieren. So spielen die Neuronen in einem Netzwerk zusammen und geben Informationen weiter. Den Prozess, wie sich Information in diesem neuronalen Netzwerk ausbreitet, können wir mit Hilfe der Mathematik beschreiben.

Leider können wir aber nicht alle 80 Milliarden Neuronen in unserem Gehirn gleichzeitig beobachten. Bei Messungen sehen wir immer nur einen winzigen Teil der Aktivität, wie durch ein kleines Schlüsselloch. Zum Beispiel können Kolleginnen und Kollegen mit Elektroden die Neuronenströme im Kopf messen. So erfahren wir etwas über die Gehirnaktivität eines Menschen – sie wird uns als Spannung auf einem Monitor anzeigt. Weil es aber keine Messmethode gibt, mit der man das gesamte Nervensystem als Ganzes anschauen kann, müssen wir verschiedene Erkenntnisse miteinander verbinden.

Es gibt eine berühmte Geschichte, die dazu passt: Mehrere blinde Männer wurden gebeten, einen Elefanten zu beschreiben. Dafür hat jeder ein anderes Körperteil untersucht – einer hat die Beine des Elefanten abgetastet und das Tier als eine Sache mit vier Säulen beschrieben. Ein anderer hat den Schwanz befühlt und war danach der Meinung, der Elefant sei eine Art Pinsel. Der dritte hat den Stoßzahn untersucht und der vierte den Bauch und jeder der Männer hatte auf der Grundlage seiner Erfahrung eine ganz eigene Vorstellung von dem Elefanten, die sich von der Vorstellung der anderen unterschied. Keine Vorstellung war falsch, aber alle waren unvollständig.

> »Nur, wenn wir ein möglichst komplettes Bild haben, können wir eine Sache wirklich verstehen«

In der Wissenschaft ist es oft ähnlich: Der Blickwinkel, aus dem ich eine Sache betrachte, bestimmt die Art, wie ich etwas sehe und was ich sehe. Damit wir trotzdem auf das Große und Ganze schließen können, habe ich mathematische Methoden entwickelt, wie man verschiedene Blickwinkel und Annahmen zusammenbringen kann. Denn nur, wenn wir ein möglichst komplettes Bild haben, können wir eine Sache wirklich verstehen.

Dass ich mich einmal mit neuronalen Netzwerken beschäftige, hätte ich als Kind niemals gedacht. Ich kann mich noch gut an eine Situation erinnern, als ich etwa zwölf Jahre alt war. Jemand hat mir damals erzählt, dass er daran arbeitet, wie man gesprochene Sprache automatisch in Schrift umwandeln kann. Das war ungefähr 1994, als die meisten Leute noch keine Computer zu Hause hatten. Ich wusste zu dieser Zeit noch nicht, wie ein Computer funktioniert. Aber mir war sofort klar, dass es so etwas wie automatische Spracherkennung tatsächlich bald geben könnte und ich fand die Arbeit daran total faszinierend. Zugleich war ich mir in diesem Moment sicher, dass ich selbst damit nichts zu tun haben würde. Ich konnte mir das einfach nicht vorstellen. Von allen Müttern, die ich kannte, hatte keine einen coolen Beruf, keine hat an neuronalen Netzwerken gearbeitet oder irgendetwas erforscht oder entwickelt. Deshalb dachte ich, dass nur Männer solche Jobs machen und Frauen nicht. Man kommt nämlich durch das, was man tagtäglich sieht, oft gar nicht auf die Idee, dass Dinge auch ganz anders sein können. Und trotzdem bin ich Physikerin geworden.

»Man kann die Pandemie mit Formeln beschreiben«

Die Art, wie sich eine Viruserkrankung unter Menschen ausbreitet, ähnelt der Art, wie Informationen im Gehirn weitergeleitet werden. Als das neuartige Corona-Virus anfangs in China aufgetreten ist, haben wir die Situation dort mit den Methoden untersucht, die wir auch für die neuronalen Netze verwenden. Das Grundprinzip ist recht einfach: Wenn am Anfang eine Person zwei andere ansteckt und diese beiden Personen jeweils wieder zwei andere und jeder von denen wieder zwei andere, dann ist der Faktor immer gleich, nämlich zwei. Das ist exponentielles Wachstum und damit kommt man schnell in hohe Zahlenbereiche. Es war also klar, dass sich sehr viele Menschen infizieren würden.

Mit unseren Berechnungen wollten wir einen Beitrag dazu leisten, die Pandemie besser zu verstehen. Wenn zum Beispiel ein bestimmter Teil der Bevölkerung nach einer Impfung oder einer Infektion immun gegen eine Ansteckung ist, wie groß kann dann die nächste Infektionswelle werden? Wie stark kann das Testen die Ausbreitung eindämmen? Diese Sachverhalte kann man sehr genau in Formeln beschreiben, Modelle entwickeln, sie besprechen und so zu neuen Erkenntnissen kommen. Und genau das liebe ich an meiner Arbeit.

PHYSIK KOMPLEXER SYSTEME

Komplexe Systeme gibt es fast überall, von turbulenten Teilchen zu neuronalen Netzen, in der Gesellschaft und im Universum. Die theoretische Physik möchte verstehen, wie die Einzelteile dieser komplexen Systeme zusammenarbeiten.

Martin Dresler

WAS IM SCHLAF PASSIERT

Wie wir schlafen und warum wir schlafen, untersucht der Psychologe und Neurowissenschaftler Martin Dresler

Schlaf ist offenbar eine sehr wichtige Sache. Denn sonst würde man nicht einfach das Bewusstsein abschalten und wehrlos daliegen – das muss ja einen Grund haben. Und nicht nur wir Menschen müssen schlafen, sondern bekanntlich auch Hunde, Katzen, Vögel und so weiter. Sogar Spinnen haben Schlafphasen, die man bisher nur bei höheren Tieren beobachten konnte – das hat selbst Martin Dresler überrascht.

Als Kind mochte ich Lego, Malen und Basteln sehr gern, in der Schule Mathematik und Kunst. Ich dachte, ich würde vielleicht einmal Maler oder Designer werden. Aber es kam ganz anders: Ich untersuche die Gehirne von schlafenden Menschen. Für Schlaf habe ich mich nämlich schon immer interessiert. Dafür bin ich von Bochum extra nach München gezogen. Dort gab es mehr Möglichkeiten für Forschung und ich habe gemerkt, dass es genauso spannend ist, wie ich mir das vorgestellt hatte. Also bin ich dabei geblieben, habe mein Diplom und meinen Doktor gemacht und schließlich meine eigene Gruppe am Donders Institute in Nijmegen aufgebaut, das Sleep & Memory Lab. Es gehört zu einem großen Forschungsinstitut, das eine tolle neurowissenschaftliche Ausstattung hat. Ein Schlaflabor, das nur für Schlafstudien ausgestattet ist, würde unsere Arbeit noch verbessern oder zumindest einfacher machen. Wir können aber auch Daten sammeln, wenn die Leute, die wir untersuchen, nicht bei uns im Labor schlafen. Dafür nutzen wir mobile Geräte, sogenannte »Sleep Wearables«, die von den Probanden beim Schlafen zu Hause getragen werden, beispielsweise Stirnbänder, die Hirnströme aufzeichnen können.

»Warum vergessen wir Träume so schnell?«

Obwohl wir uns im Schlaf erholen, ist Schlaf viel mehr als einfach nur Faulenzerei. Im Gegenteil: Während wir schlafen, passiert ziemlich viel in unserem Gehirn und in unserem Körper. Was da so ganz genau vor sich geht und aus welchen Gründen wir unbedingt schlafen müssen, will ich herausfinden. Ganz besonders interessiert mich, warum wir während des Schlafens träumen – und warum wir Träume so schnell wieder vergessen. Dazu gibt es bis jetzt nur Spekulationen: Manche Forschende glauben, dass es damit zusammenhängen könnte, dass manche Hirnregionen, die man zur Gedächtnisbildung braucht, im Schlaf weniger aktiv sind als im Wachzustand, insbesondere die Bereiche hinter der Stirn und hinter den Schläfen. Außerdem ist die Gehirnchemie während des Schlafens ganz anders als beim Wachsein, inklusive der Neurotransmitter, das sind Botenstoffe, die für die Gedächtnisbildung wichtig sind. Um herauszufinden, was das Gehirn denn nun eigentlich genau macht, während ein Mensch schläft, kleben wir kleine Elektroden am Kopf eines Probanden oder einer Probandin fest, bevor er oder sie einschläft. Die Elektroden können winzige Ströme im Gehirn und in den Gesichtsmuskeln messen. Auf diese Weise können wir sehen, dass sich die Hirnaktivität der Person während des Schlafens immer wieder verändert. Wir wissen also, dass es während des Schlafs verschiedene Phasen gibt, die sich abwechseln. Und wir wissen auch, dass diese Phasen verschiedene biologische Funktionen erfüllen.

Wissenschaftlerinnen und Wissenschaftler in der Schlafforschung sind sich darüber einig, dass Schlaf nicht nur einen einzigen Zweck hat, sondern mehrere. Zum Beispiel festigen sich während des Schlafes bestimmte Gedächtnisinhalte. Außerdem werden Gefühle verarbeitet und das Gehirn wird von möglicherweise giftigen Abfallstoffen gereinigt, die sich tagsüber gebildet haben. Ohne Schlaf würden diese verschiedenen Funktionen entweder gar nicht oder nur sehr viel schlechter erfüllt werden. Wir wären deutlich vergesslicher und labiler, das Risiko für psychiatrische oder neurologische Krankheiten würde steigen, beispielsweise für Depression oder für Alzheimer.

Aber können wir während des Schlafs auch etwas Neues lernen, anstatt nur das zu verarbeiten, was wir während des Wachseins aufgenommen haben? Kann man mit einer schlafenden Person kommunizieren?

»**Die Kommunikation mit schlafenden Menschen ist möglich**«

Diese Fragen werden immer wieder einmal in der Psychologie und in der Neurowissenschaft gestellt. Lange Zeit war die vorherrschende Meinung, dass das eher nicht möglich ist oder nur sehr eingeschränkt. Seit Kurzem gibt es dazu neue Erkenntnisse: Zusammen mit Forschenden aus Deutschland, Frankreich und aus den USA hat unsere Forschungsgruppe in den Niederlanden gezeigt, dass im sogenannten Luzidtraum (also in einem Traum, bei dem man weiß, dass man gerade träumt) eine Kommunikation mit den schlafenden Probanden grundsätzlich möglich ist. Und das ging so: In einem Versuch haben wir unseren Probanden und Probandinnen einfache Rechenaufgaben gestellt, auf die sie mit der passenden Anzahl von Augenbewegungen antworten sollten. Tatsächlich haben die beteiligten Personen die kurzen akustischen Botschaften in den Traum übernommen und die Augen entsprechend oft bewegt, obwohl sie weitergeschlafen haben. Nach dem Aufwecken konnten sie sich außerdem problemlos daran erinnern. Dieses Ergebnis fand ich wirklich erstaunlich. Für die Traumforschung ergeben sich ganz neue Möglichkeiten, wenn wir mit schlafenden Probanden kommunizieren können!

BIOPSYCHOLOGIE

In der Biopsychologie geht es um die biologischen Grundlagen der Psychologie: Die Forscher*innen untersuchen, wie körperliche Zustände mit seelischen Zuständen zusammenhängen.

Nadja Klein

WICHTIGE PHÄNOMENE BESSER VERSTEHEN

Was die Mathematikerin Nadja Klein an ihrem Fach besonders schätzt

Zum Glück gibt es Menschen, die komplexe Berechnungen anstellen können. Damit erleichtern sie uns das Leben an Stellen, wo man es gar nicht immer vermutet. Der Rumpf eines Flugzeugs zum Beispiel verformt sich durch die Änderung des Luftdrucks auf dem Flug. Darauf muss man beim Bau des Flugzeugs Rücksicht nehmen. Und wie genau? Das können Mathematiker*innen berechnen. Nadja Klein ist eine davon.

Als Mathematikerin versuche ich, mit statistischen und mathematischen Modellen wichtige Phänomene unserer Welt besser zu verstehen. Ich hoffe, dass ich mit möglichst genauen Vorhersagen und der Abschätzung von Unsicherheiten einen kleinen Beitrag zu den wichtigen Herausforderungen unserer Zeit leisten kann, also unter anderem zum Klimawandel und zu Fragen der Mobilität. Ich arbeite mit Forscherinnen und Forschern aus vielen anderen Gebieten zusammen und das alles ist sehr interessant und vielfältig.

Ich habe mich schon früh am liebsten mit Rechnen, Knobeln und Bauen befasst. Meine Großeltern hatten immer irgendwelche kleinen Rätselaufgaben für mich, wenn ich meine Ferien dort verbracht habe. Von der fünften bis zur neunten Klasse hatte ich einen großartigen Mathelehrer und habe es geliebt, Zusatzaufgaben zu lösen, sogenannte Sternchenaufgaben. Und ich habe gemerkt, dass mir im Kunstunterricht die Themen am besten gefallen haben, bei denen wir plastisch arbeiten durften. Für den Bau eines Architekturmodells habe ich Pläne genau nach Maßstab gezeichnet und mir sehr viel Mühe mit dem Bau und dem Design der Innenausstattung gegeben. So etwas hat mich fasziniert und ich dachte, dass ich einmal Innenarchitektin werden würde.

»Wenn schon Studium, dann lieber Lehramt?«

Ich komme aus einer klassischen Arbeiterfamilie, meine Eltern haben kein Abitur und nicht studiert. Dass ich studieren wollte, fanden meine Eltern zwar toll, konnten damit aber wenig anfangen. Meine Mutter war der Meinung, dass ich lieber »etwas Richtiges« machen soll. Und wenn überhaupt ein Studium, dann lieber Lehramt, denn Lehrerinnen und Lehrer werden ja immer gebraucht. So dachten meine Eltern. Also habe ich angefangen, Mathematik und Latein zu studieren, um Lehrerin zu werden – immerhin mochte ich beide Fächer in der Schule ganz gern. Ich habe aber schnell gemerkt, dass ein Lehramtsstudium mir überhaupt nicht liegt. Statt Texte aus dem Römischen Reich und der Antike zu übersetzen, wollte ich viel lieber naturwissenschaftliche Themen erforschen. Deshalb habe ich mich im Hauptstudium ganz auf die Mathematik konzentriert und als Nebenfach Physik gewählt.

Ich konnte schon als Studentin einige technische Projekte zusammen mit der Lufthansa Technik machen. In einem Praktikum ging es etwa darum, welche Konsequenzen es für die Innenausstattung eines Flugzeugs hat, wenn sich der Rumpf beim Flug verformt. Das kann ganz banale Dinge wie Toilettentüren betreffen, die wegen der Verformung natürlich nicht plötzlich klemmen dürfen. Aber auch mit Stochastik, also mit der Berechnung von Wahrscheinlichkeiten und dem Umgang mit Messdaten, hatte ich dort zu tun, vor allem in meiner Diplomarbeit: Im Flugverkehr macht man sogenannte Überlebenszeitanalysen von Flugzeugteilen.

»Mit Mathematik kann man sehr genaue Vorhersagen machen«

Denn es ist sehr teuer, wenn ein Flugzeug unerwartet repariert werden muss und nicht fliegen kann. Deshalb versucht man, möglichst genau vorherzusagen, wann ein einzelnes Teil vermutlich ausfallen wird. Und das macht man mit der Mathematik. Kurz vor dem berechneten Zeitpunkt tauscht man das Teil dann aus, wenn das Flugzeug gerade sowieso am Boden ist.

Mittlerweile arbeite ich an der Schnittstelle zwischen Statistik und Künstlicher Intelligenz und finde es faszinierend, immer wieder Methoden zu entwickeln, die in ganz unterschiedlichen Bereichen Anwendung finden, auch im Alltag. Zum Beispiel im Bereich des Autonomen Fahrens: Dort braucht man nicht nur ganz genaue Vorhersagen zu den Positionen eines Autos, sondern auch darüber, wie sicher diese Vorhersagen jeweils sind. Denn jeder Fehler in der Vorhersage könnte einen Unfall verursachen.

Sehr gerne arbeite ich aber auch mit Menschen aus der Ökologie zusammen. Um die Artenvielfalt von Tieren oder Pflanzen besser zu verstehen, werden dort flexible Modelle gebraucht. Und auch Forscherinnen und Forscher, die sich mit Wirtschaft beschäftigen, haben oft spannende Fragestellungen, bei denen meine Methoden relevant sein können. Etwa dann, wenn es um das Verhalten von Menschen beim Einkaufen geht, und wie man das nutzen kann, um geschickt Werbung für Produkte zu machen. Alles das lässt sich modellieren. Neben theoretischer Forschung, Programmierung und interdisziplinären Anwendungen machen Lehre und Verwaltungsaufgaben meinen Alltag als Professorin zu einer bunten Mischung. Jedes Projekt, an dem ich arbeite, ist einzigartig. Und immer wünschte ich, ich hätte noch viel mehr Zeit dafür.

DATENWISSENSCHAFT

Die Data Science oder auch Datenwissenschaft verwendet Techniken und Theorien aus der Mathematik, der Statistik und der Informationstechnologie und beschäftigt sich damit, wie man Wissen aus Daten gewinnen kann.

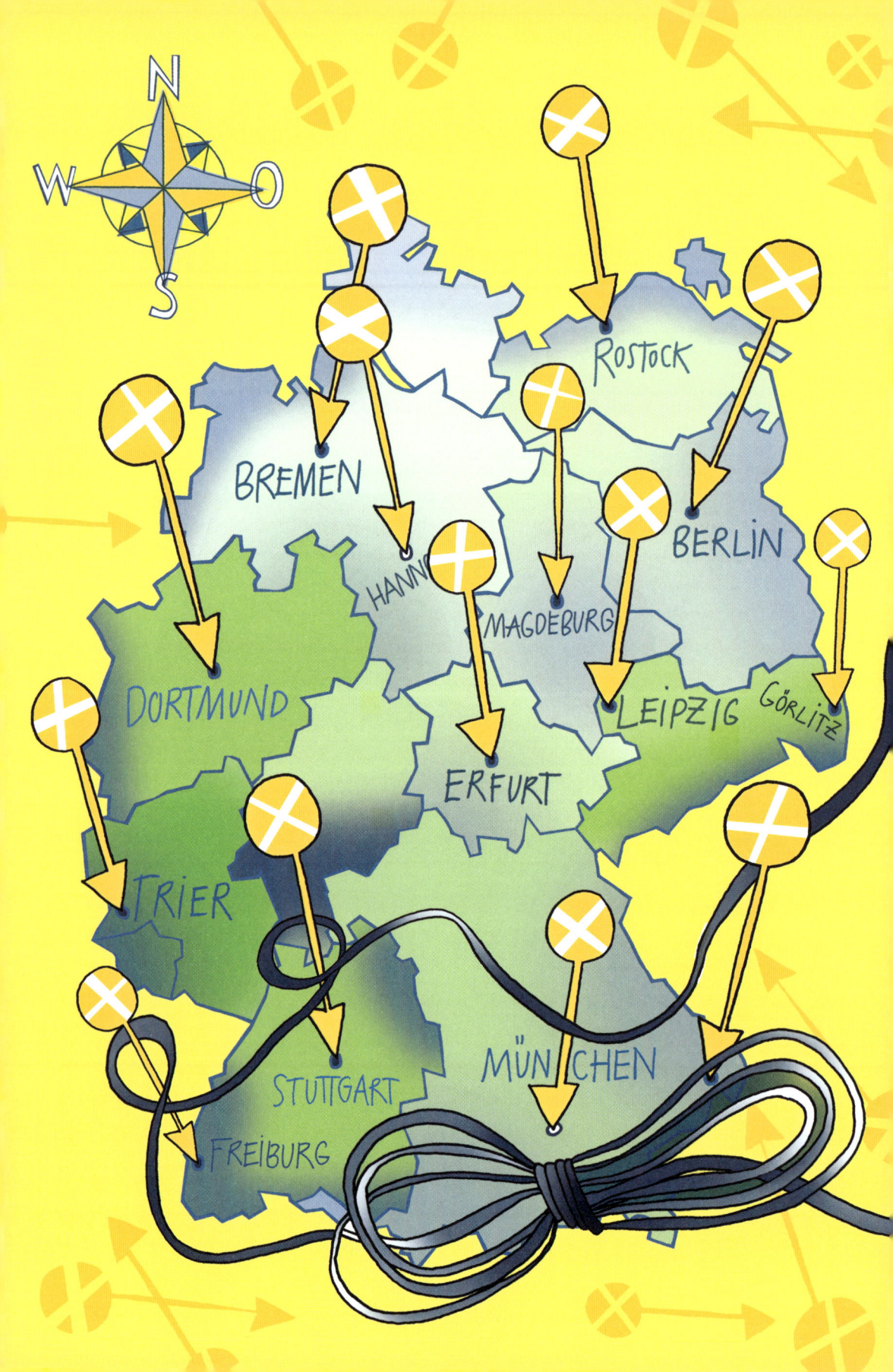

Timo de Wolff

BESCHREIBUNGEN DER WELT IN EINER SEHR PRÄZISEN SPRACHE

*Wo der Professor für Mathematik
Timo de Wolff auf Entdeckungsreise geht*

Was hat das mit meinem Leben zu tun? Das fragen sich viele, die im Mathematikunterricht sitzen und sich vielleicht viel mehr für andere Fächer interessieren. Tatsächlich brauchen wir die Mathematik aber in vielen verschiedenen Bereichen: Wir können das Wetter vorausberechnen oder wann und wo es ein besonders hohes Hochwasser geben wird. Bauwerke werden mit Hilfe von mathematischen Berechnungen gebaut und Ärzte können auf der Grundlage von mathematischen Berechnungen herausfinden, wie es im Inneren unseres Körpers aussieht. Klingt interessant? Das findet Timo de Wolff auch.

Mein Werdegang ist sicher nicht davon bestimmt, dass irgendwer schon immer an mich geglaubt hat – im Gegenteil: Mein Leben als Jugendlicher war davon geprägt, dass Leute eher nicht an mich geglaubt haben. Oder dass sie mir sagen wollten, dass das, was ich vorhabe, eine blöde Idee ist. Mein Mathelehrer in der elften Klasse meinte zum Beispiel, ich sollte mir doch gut überlegen, ob ich wirklich in den Mathe-Leistungskurs gehen will. Er hat mir das nicht zugetraut. Ich bin aber ziemlich dickköpfig und wenn ich etwas will, dann ziehe ich es auch durch.

Dass ich ausgerechnet Mathematiker werde, hätte ich allerdings selbst nicht gedacht. Tatsächlich wollte ich ab der elften Klasse Philosophie studieren und habe das nach dem Abitur auch gemacht – was man damit anfangen kann, war mir erst einmal egal. Im Philosophiestudium gibt es ein wichtiges Gebiet, das ich sehr mochte und mit dem ich ziemlich gut zurechtgekommen bin: das ist die Logik. Ich dachte, dass Mathematik dazu ganz gut passt und dass es vielleicht gar nicht so ein großer Aufwand sein würde, nach vier Semestern Philosophie zusätzlich noch Mathematik zu studieren. Das allerdings war ein großer Irrtum – und ein Glücksfall zugleich. Denn das Mathestudium war zwar viel härter als Philosophie, hat mich aber zu der Forschung gebracht, die ich heute betreibe und die für mich ein großes Abenteuer ist.

»Mathematik wirkt auf die Welt, in der wir leben«

Mathematik steckt voller Überraschungen und wir können darin auf Entdeckungsreise gehen. Die mathematische Welt können wir nicht sehen oder anfassen. Aber wir können sehen, wie sie auf die Welt wirkt, in der wir leben – so ähnlich, wie wir den Schatten von einem Gegenstand sehen können, ohne den Gegenstand selbst zu sehen. Damit wir Mathematiker und Mathematikerinnen über die Dinge in der mathematischen Welt sprechen können, haben wir uns im Laufe der Geschichte eine Sprache ausgedacht, die sehr genau ist und mit der wir uns über alle Probleme verständigen können: die Sprache der Mathematik mit Begriffen und Formeln. Damit können wir die Phänomene und Probleme der mathematischen Welt, aber auch aus dem Bereich Wissenschaft und Technik beschreiben und dazu beitragen, dass Lösungen gefunden werden.

Für meine mathematische Forschung mache ich einige Grundannahmen. Eine davon ist: Was ich widerspruchsfrei definieren kann, das existiert auch. Diese Annahme gibt sehr viel Freiheit für kreative Lösungsansätze. Eine andere: Es gibt keine zufälligen Zusammenhänge im mathematischen Universum! Wenn ein Muster da ist, ist es aus einem Grund da und nie einfach nur so. Wenn wir ein solches Muster erkennen, dann hilft es uns oft, mathematische Aussagen zu formulieren und Ideen für Beweise zu bekommen.

»So gut wie nie finden wir eine Lösung auf Anhieb«

Ich forsche vor allem mit dem Kopf, außerdem mit Papier und Stift oder an einer Tafel. Und natürlich auch am Computer. Und nur selten forsche ich ganz allein, sondern meistens in kleinen Gruppen – typischerweise sind wir zwei bis vier Personen. Wir treffen uns zum Arbeiten am liebsten persönlich oder tauschen uns per Videokonferenz aus.

Für Projekte, an denen außer Mathematiker*innen noch andere Forscher*innen beteiligt sind, haben wir meist größere Forschungsgruppen. Das sind dann die wirklich guten Zeiten in meiner Arbeit: Wenn ich gemeinsam mit anderen über ein Problem nachdenke und wir versuchen, eine Lösung zu finden. Allerdings finden wir so gut wie nie eine Lösung direkt auf Anhieb. Im Gegenteil: Die Wissenschaft lebt davon, dass wir Ideen haben, diese Ideen ausprobieren, damit nicht weiterkommen, sie wieder verwerfen – und neue Dinge ausprobieren. Sich zu irren ist ganz normal. In unserer Gruppe arbeiten wir an Problemen aus der Algebra und an Optimierungsproblemen. Optimierung heißt im Großen und Ganzen, ein ideales Vorgehen für eine Sache zu finden. Ein gutes Beispiel für ein schwieriges Optimierungsproblem ist das »Problem des Handlungsreisenden«. Nehmen wir dafür an, dass es eine Liste gibt mit 20 oder mehr Städten in Deutschland darauf. Eine einfache Frage wäre jetzt, für jedes Städtepaar den kürzesten Abstand zu finden. Das »Problem des Handlungsreisenden« fragt aber nach der kürzesten Route, falls ein Handlungsreisender alle Städte auf der Liste nacheinander bereisen wollte. Und das ist unglaublich schwierig, wenn die Liste lang ist!

MATHEMATIK

Mathematiker*innen versuchen auf viele unterschiedliche Fragen aus allen möglichen Bereichen des Lebens mit Hilfe von mathematischen Methoden und Algorithmen Antworten zu finden.

Garvin Brod

WENN ERWARTUNG AUF ERFAHRUNG TRIFFT

Warum Überraschung beim Lernen hilft, weiß der Psychologe Garvin Brod

Die Welt ist voller Überraschungen: Von dem, was man alles wissen könnte, wissen wir nur sehr, sehr wenig. Andauernd lernen wir dazu und stellen manchmal ganz verblüfft fest, dass einige Dinge anders sind, als wir dachten. Einiges davon merken wir uns dauerhaft, anderes nicht. Garvin Brod erforscht, wie das Lernen funktioniert und wie man Kindern dabei helfen kann.

Ich denke gerne nach. Wäre das anders, wäre ich vermutlich Musiker geworden. Als Jugendlicher habe ich erst Klavier, dann Jazz-Posaune gespielt und lange gedacht, dass ich mit Musik einmal meinen Lebensunterhalt verdienen würde. Ich hatte tolle Posaunenlehrer, die mir nicht nur beigebracht haben, wie ich mein Instrument spiele und Jazzmusik als Sprache nutze, sondern auch, wie man als Künstler auf die Welt schauen und wie man sein Leben leben kann. Das hat mir neue Horizonte eröffnet. Aber dann ist mir das viele Üben am Instrument irgendwann langweilig geworden. Außerdem habe ich gemerkt, dass ich mich wirklich gerne mit Theorien beschäftige, was als praktischer Musiker nicht so hilfreich ist. Also habe ich die Musik aufgegeben. Stattdessen habe ich Psychologie studiert und bin heute Professor für Psychologie mit dem Schwerpunkt individuelle Förderung.

Mich interessiert, wie Kinder lernen und wie man sie dabei unterstützen kann. Vor allem möchte ich dabei herausfinden, welchen Einfluss das Vorwissen auf das Lernen hat – also das, was jemand schon über eine Sache weiß, oder etwas, das er oder sie zumindest zu wissen glaubt. Manchmal ist diese Vorstellung falsch, in unserem Forschungsbereich nennen wir das »Fehlkonzept«. So ein Fehlkonzept wäre zum Beispiel der Glaube, dass die Erde eine Scheibe ist. Weil man aber selbst nicht merkt, wann man mit einer Sache falschliegt, sind Menschen in der Regel ganz erstaunt, wenn sie eine andere Erfahrung machen, die nicht zu ihrer ursprünglichen Vorstellung passt. Sie erkennen dann, dass sie sich zuvor geirrt haben.

»Überraschung ist günstig für das Lernen«

Diese Zusammenhänge haben wir unter anderem mit einer Studie untersucht, an der fast 100 Kinder im Alter von sechs bis neun Jahren mitgemacht haben. Bei einem Test zu Beginn der Studie haben wir zunächst die Vorannahmen der Kinder geprüft. Dabei haben wir festgestellt, dass viele dachten, dass es vom Gewicht eines Gegenstandes abhängt, wie viel Wasser er verdrängt, wenn man ihn untertaucht. Das ist eine typische Fehlannahme. Entscheidend für die Verdrängung ist nämlich nur das Volumen, das kann man ziemlich einfach selbst überprüfen: Wenn man zwei Kugeln nimmt, die genau gleich groß sind, aber unterschiedlich schwer, dann sieht man, dass die schwerere Kugel genauso viel Wasser verdrängt wie die leichtere. Genau das haben wir den Kindern in einem Experiment vorgeführt. Und dadurch ist eine Situation entstanden, für die ich mich sehr interessiere und die ich genau beobachte: Was passiert, wenn die Kinder etwas erleben, das anders ist als das, was sie erwartet haben?

Für diejenigen Kinder, die zuvor ein Fehlkonzept hatten, war diese neue Erfahrung teilweise sehr überraschend. Das kann man gut feststellen, indem man einen Eyetracker benutzt – das ist eine kleine Kamera, mit der wir die Blickbewegungen von Personen aufzeichnen und genau sehen können, wie sich die Pupillen plötzlich verändern. Ist jemand überrascht, dann weiten sich die Pupillen. Interessanterweise zeigen solche Studien, dass Überraschung offenbar ein Zustand ist, der günstig ist für das Lernen. Kinder geben ihre falschen Vorannahmen nämlich umso leichter auf, je überraschter sie vom Ergebnis eines Experimentes sind. Und sie können sich das, was sie in einem Überraschungsmoment lernen, danach auch besser merken. Überraschung wirkt also wie ein Signal dafür, sich genauer mit der Fehlvorstellung zu beschäftigen. Diesen Signaleffekt kann man nutzen: Zum Beispiel könnten Lehrer*innen ihre Schüler*innen Vorhersagen treffen lassen, ehe sie die richtige Lösung zu einer Frage verraten. Oder sie können ein Quiz machen, ehe sie Wissen vermitteln. Sich mit dem Vorwissen und den Vorannahmen zu beschäftigen, ist ziemlich wichtig. Denn Fehlvorstellungen wieder loszuwerden ist manchmal ganz schön schwer, für Kinder mindestens genauso wie für Erwachsene. Früher dachte ich, dass Kinder besser damit zurechtkommen, wenn etwas Neues ihren bisherigen Erwartungen widerspricht. Das stimmt aber nicht.

Wenn ich heute auf meine Forschung blicke, dann sehe ich Parallelen zu meinen Erfahrungen im Jazz: zum Beispiel, dass zwei Menschen dieselbe Sache ganz verschieden erleben können und sich in ähnlichen Situationen jeweils ganz anders verhalten. Trotzdem war es natürlich eine große Veränderung in meinem Leben, nicht mehr überwiegend Musik zu machen, sondern wissenschaftlich zu arbeiten. Ab und zu ist es schon ein bisschen eintönig, so viel am Computer zu sitzen, und ich denke, dass ich mich gern mehr bewegen würde bei der Arbeit. Andererseits ist es aber so, dass ich wirklich gerne schreibe und mir die Forschung sehr viel Spaß macht. Ich leite eine Gruppe von etwa zehn Personen und habe viele Kooperationspartner*innen, auch im Ausland. Durch den Austausch von Ideen mit anderen, durch Lesen, Schreiben lerne ich ständig dazu. Und Musik hören kann ich ja immer noch, manchmal sogar bei der Arbeit.

LERNPSYCHOLOGIE

Die psychologische Forschung beschäftigt sich unter anderem damit, wie wir Menschen Informationen verarbeiten und Wissen erwerben – und was dabei in unserem Körper passiert.

Doris Segets

DINGE GANZ ANDERS MACHEN ALS BISHER

Welche Antwort die Chemie-Ingenieurin Doris Segets auf den Klimawandel hat

Es gibt Probleme, die lösen sich von allein. Und es gibt die Erderwärmung. Die geht nicht einfach wieder weg. Damit sich das Klima nicht immer weiter erwärmt, müssen überall Maßnahmen getroffen werden, zum Beispiel in der Landwirtschaft, wie du auf Seite 69 lesen kannst, oder im Städtebau, dazu findest du etwas auf Seite 81. Wichtig sind aber auch neue Technologien, zum Beispiel die, an denen Doris Segets arbeitet. Die lösen das Problem der Erderwärmung nicht allein, sind aber ein wichtiger Beitrag.

Als Kind war ich sehr frei. Ich bin auf einem Bauernhof aufgewachsen und war viel draußen oder bei den Tieren. Andererseits mussten meine beiden Schwestern und ich sehr früh schon mithelfen: Ich war fest für die Hausarbeit eingeteilt und habe jeden Samstag die Bäder geputzt. Als ich etwas älter war, habe ich die Böden gewischt und auf dem Feld mitgeholfen. Die ganzen Abläufe auf dem Hof mussten eben funktionieren und jeder hat mitgemacht, das war für meine Großeltern und für meine Eltern völlig selbstverständlich.

Mein Vater war Angestellter in einer Versicherung, uns ging es nicht schlecht. Es gab aber immer eine Angst – die vor dem Abstieg. Was ist, wenn der Papa arbeitslos wird? Diese Sorge hat mich sehr geprägt. Irgendwann haben sich meine Eltern mit einem Getränkemarkt selbständig gemacht, worauf ich wirklich stolz war. Auch da habe ich mitgeholfen, später habe ich Zeitungen ausgetragen und im Drogeriemarkt gearbeitet. Gleichzeitig war ich immer gut in der Schule, mich haben eigentlich alle Fächer interessiert. Deshalb wusste ich lange nicht, was ich einmal werden soll.

Entscheidend war, dass ich einen Beruf haben wollte, bei dem ich niemals Angst um meinen Job haben muss. Meine Mutter hat mir deshalb empfohlen, auf eine Beamtenschule zu gehen. Es gibt aber eine Eigenschaft an mir, die mir das unmöglich gemacht hat: Ich gewinne gern. Ich will immer die beste Lösung von allen. Und weil ich geglaubt habe, dass man an Universitäten die anspruchsvollste Ausbildung bekommt, wollte ich da hin.

Also habe ich mich für Chemie-Ingenieurwissenschaft entschieden. Ich habe mir gedacht, dass ich damit ein bisschen Chemie studiere, ein bisschen Biologie und viel Verfahrenstechnik. So wollte ich eine breite Grundlage für verschiedene Berufsfelder bekommen, und der Ingenieurberuf schien mir sehr sicher zu sein. Da bin ich jetzt und habe etwas gefunden, was mir wirklich sehr viel Spaß macht: die Arbeit mit Partikeln, mit Pulver. Es ist eine Arbeit, die unseren Alltag verändern wird. Als Chemie-Ingenieurin sitze ich zwischen denen, die neue Materialien chemisch herstellen, und denen, die mit Hilfe dieser neuen Materialien Dinge produzieren, die uns von Erdöl und Erdgas unabhängig machen.

»Es ist ein bisschen wie Plätzchen backen«

Zu diesem Zweck bringe ich das pulverartige, neue Material zum Beispiel auf einen Stromabnehmer auf oder auf eine Folie. Das ist ein bisschen wie Plätzchen backen, da muss man ja auch darauf achten, dass sich alles gut verbindet und nicht verklumpt. Nachdem ich das Material weitergegeben habe, bekomme ich Rückmeldung, ob es funktioniert oder ob eine Zelle vielleicht mit Wasser volläuft oder so. Wenn das der Fall ist, setze ich mich noch einmal dran und mache größere Poren in das Material, damit Wasser rauslaufen kann. Ich muss genau wissen, wie sich die Teilchen miteinander verhalten, und ich muss verstehen, warum manche Materialien besser für eine Anwendung funktionieren als andere.

Am Ende dieser Prozesse wollen wir aus dem Material eine Idealstruktur bekommen, die man in verschiedenen Größen einsetzen kann. Denn die Technologien, an denen ich arbeite, spielen eine wichtige Rolle bei der Energiewende. Man kann mit ihnen chemische Grundstoffe oder Energie gewinnen (mit Solarzellen, Elektrolysezellen oder Brennstoffzellen) oder auch Energie sparen (LED-Leuchten). Wir müssen deshalb in der Lage sein, Tausende von Quadratkilometern an beschichteten Flächen herzustellen, wir brauchen richtig viel davon. Und weil diese Technologien so wichtig sind, können wir ihre Herstellung nicht einfach anderen Leuten überlassen, wir müssen das selber machen und die Forschung an unseren Hochschulen mit der Industrie zusammenbringen.

Im Moment noch wird alles Mögliche in unserem Alltag aus Erdöl gemacht und die meisten Fahrzeuge fahren mit einem Verbrennermotor. Davon müssen wir weg, da gibt es keinen Zweifel. Wir müssen raus aus dieser Erdöl-basierten Grundstoffchemie. Unsere chemischen Grundstoffe wie Methan, Methanol und so weiter müssen wir aus CO_2 machen, das als Abfallprodukt sowieso in der Luft ist.

Man muss es wohl noch viel deutlicher sagen, damit es endlich alle verstehen: Die Erde wird immer heißer, ganze Landstriche werden in absehbarer Zeit nicht mehr bewohnbar sein. Dieser Tatsache müssen wir ins Auge sehen und mit Hilfe neuer Technologien auf Sonne und Wind zugreifen, die unbegrenzt zur Verfügung stehen. Das ist eine Riesenchance, die Welt nicht nur klimaneutral, sondern auch gerechter zu machen. Wir sollten sie nutzen.

CHEMIE- UND BIOINGENIEURWESEN

Chemietechnik und Biotechnologie machen Biologie, Physik und Chemie für die Gesellschaft nutzbar: Forschende untersuchen die Eigenschaften von Rohstoffen, die zur Herstellung zum Beispiel von Material oder auch von Lebensmitteln genutzt werden können.

Magdalena Nowicka

WIE GEHEN WIR MITEINANDER UM?

Welche Fragen sich ergeben, wenn Menschen neu nach Deutschland kommen, untersucht die Migrationsforscherin Magdalena Nowicka

Aus einem Land in ein anderes zu ziehen, ist nicht so einfach. Trotzdem machen es viele Menschen. Manche wandern freiwillig aus, manche aber auch, weil die Lebensumstände in ihrer Heimat sie dazu zwingen. Die erste Zeit in einem neuen Land ist dann oft anstrengend: Man muss sich orientieren, eine Wohnung finden, vielleicht eine Sprache neu lernen. Wie sich das anfühlt, erforscht Magdalena Nowicka. Und sie hat es selber schon erlebt.

Ursprünglich komme ich aus Polen, wo ich eine glückliche Kindheit hatte. Vor allem erinnere ich mich daran, dass ich in den ersten Jahren meines Lebens sehr viel Zeit hatte: zum Nachdenken, zum Erholen und um mich genau den Sachen zu widmen, auf die ich gerade Lust hatte. Das war wirklich schön. Nicht so schön war es in der Grundschule. Plötzlich wurde ich Teil einer großen Gruppe in einer riesigen, total überfüllten Institution. Meine Schule war eigentlich für 600 Kinder gebaut, es lernten dort aber 1200 Kinder – und eines davon war ich. Alles war neu und fremd und ich hatte panische Angst. Acht Jahre lang musste ich es dort aushalten, denn so lange dauert in Polen die Grundschule. Besser wurde es erst mit dem Wechsel auf ein Gymnasium. Ich durfte mir die Schule aussuchen und habe mich für eine mit dem Schwerpunkt Kunst und Literatur entschieden. Dort waren die Klassen klein und ich habe mich endlich wohlgefühlt und viel gelernt. Auch nach dem Unterricht bin ich noch in der Schule geblieben und habe bei AGs mitgemacht, gezeichnet und gemalt.

Von den Unterrichtsfächern mochte ich den Polnischunterricht besonders gern, auch die komplizierte polnische Grammatik. Ich habe extrem viel gelesen, bis zu 20 Bücher pro Monat. Fremdsprachen lagen mir auch. Insgesamt war das Gymnasium eine gute Grundlage für mein späteres Leben. Ich habe viele Dinge gelernt, die ich später im Studium vertieft habe, und es gab Lehrerinnen und Lehrer, die mich gefördert haben. Mir hat zwar niemand eine große Karriere prophezeit, aber viele Menschen in meiner Jugend waren unterstützend, auch meine Eltern. Und die meisten haben daran geglaubt, dass schon irgendetwas aus mir werden würde.

»Wie reagiert die Gesellschaft?«

Wie es ist, sich in einem ganz neuen System zurechtfinden zu müssen, irgendwo neu und fremd zu sein, ist für meinen Beruf heute eine zentrale Frage: Als Migrationsforscherin schaue ich mir an, wie sich Menschen aus einem anderen Land in Deutschland zurechtfinden. Was passiert mit ihnen? Wie passen sie sich an die neuen Lebensumstände an? Außerdem will ich wissen, wie die Gesellschaft auf neu nach Deutschland gezogene Menschen reagiert. Ist sie freundlich und hilfsbereit? Oder feindlich und ablehnend? Stört es sie, wenn Menschen aus einem anderen Land in ihre Nachbarschaft ziehen? Oder ist das für sie okay?

Mit solchen Fragen beschäftigen sich Wissenschaftler und Wissenschaftlerinnen seit etwa 100 Jahren. Wir wissen zum Beispiel schon, wie wichtig es ist, dass Menschen in einem neuen Land ihre Muttersprache weiterhin sprechen können. Und wir wissen auch, dass neu angekommene Menschen dringend Unterstützung brauchen bei allem, was sie nach der Ankunft bewältigen müssen. An dieses Wissen knüpfe ich an und will zeigen, wie die Unterstützung konkret aussehen sollte und was der Staat machen kann, um den Menschen zu helfen. Allgemeiner gesagt befasse ich mich mit der Frage, wie wir Menschen miteinander umgehen. Diese Frage finde ich sehr wichtig, vor allem dann, wenn wir unterschiedliche Ansichten haben oder einen unterschiedlichen Glauben, wenn wir unterschiedliche Bräuche haben, uns unterschiedlich kleiden und unterschiedlich aussehen. Um möglichst viel dazu herauszufinden, führe ich Interviews mit Menschen, die aus dem Ausland zu uns gekommen sind.

»Wie gehen wir miteinander um?«

Ich besuche sie gern zu Hause, schaue mir an, wie sie wohnen und wie sie sich dort fühlen. Und ich höre sehr genau zu, was sie mir antworten. Immer wieder bin ich überrascht von den Geschichten, die sie erzählen – ich weiß vor einem Interview ja nie, wer oder was mich erwartet. In diesen Gesprächen lerne ich viel und ich liebe es, mit Menschen zu arbeiten.

Es gibt aber ein paar größere Fragen, auf die ich noch keine Antworten habe, zum Beispiel diese: Was passiert, wenn durch den Klimawandel noch mehr Menschen ihre Heimat verlassen müssen? Es gibt Gegenden, die viel zu heiß geworden sind, um dort zu leben. Andere Landstriche werden immer wieder überschwemmt oder stehen neuerdings sogar dauerhaft unter Wasser. Wie wird es werden, wenn die Menschen aus diesen Gebieten alle in andere Länder gehen? Dabei ist es gar nicht neu, dass Menschen in der Fremde eine neue Heimat suchen. Immer wieder ist es vorgekommen, dass Leute umgesiedelt sind und in Gebiete gekommen sind, wo schon andere gewohnt haben. Und daran wird sich auch in Zukunft nichts ändern. Deshalb müssen wir herausfinden, was zu tun ist, damit solche Prozesse funktionieren. Und vor allem: damit sie friedlich verlaufen.

MIGRATIONSFORSCHUNG

Die Migrationsforschung untersucht, wie und warum Menschen in andere Länder ziehen, wie sie sich dort einleben und zurechtfinden – und wie eine Gesellschaft mit Menschen umgeht, die aus einem anderen Land kommen.

 HANSER hey! Schau vorbei und
teile dein Leseglück auf Instagram

1. Auflage 2023

ISBN 978-3-446-27579-9

© 2023 Hanser Corporate
im Carl Hanser Verlag GmbH & Co. KG, München

Herausgeberin: Die Junge Akademie
an der Berlin-Brandenburgischen Akademie der Wissenschaften
und der Nationalen Akademie der Wissenschaften Leopoldina, Berlin
www.diejungeakademie.de
Koordination: Oliver Rymek

Texte: Miriam Holzapfel
Redaktion: Karin Prätorius

Illustrationen:
Beppo Albrecht (Seiten 8/11, 20/23, 36/39, 76/79, 84/87, 108/111),
Marion Blomeyer (Seiten 28/31, 40/43, 56/59, 68/71, 100/103, 120/123),
Miriam Bröckel (Seiten 16/19, 24/27, 52/55, 80/83, 88/91, 96/99) ,
Eva Hillreiner (Seiten 12/15, 44/47, 60/63, 72/75, 104/107, 116/119),
Alexandra Rusitschka (Seiten 32/35, 48/51, 64/67, 92/95, 112/115, 124/127)

Gestaltung und Satz: Alexandra Rusitschka
www.lavoila.de

Druck und Bindung: PNB Print Ltd., Silakrogs
Printed in Latvia